行为主义视角下的财政理论与改革

XINGWEI ZHUYI SHIJIAOXIA DE CAIZHENG LILUN YU GAIGE

程瑜 著

中国财经出版传媒集团
中国财政经济出版社

图书在版编目（CIP）数据

行为主义视角下的财政理论与改革 / 程瑜著. -- 北京：中国财政经济出版社，2022.5
ISBN 978 - 7 - 5223 - 1417 - 4

Ⅰ.①行…　Ⅱ.①程…　Ⅲ.①财政理论 - 研究 - 中国②财政改革 - 研究 - 中国　Ⅳ.①F812

中国版本图书馆 CIP 数据核字（2022）第 077552 号

责任编辑：胡　懿　　　　责任校对：徐艳丽
封面设计：卜建辰　　　　责任印制：党　辉

行为主义视角下的财政理论与改革
XINGWEI ZHUYI SHIJIAOXIA DE CAIZHENG LILUN YU GAIGE

中国财政经济出版社 出版

URL：http：//www. cfeph. cn
E - mail：cfeph@ cfeph. cn

社址：北京市海淀区阜成路甲 28 号　邮政编码：100142
营销中心电话：010 - 88191522
天猫网店：中国财政经济出版社旗舰店
网址：https：//zgczjjcbs. tmall. com
北京财经印刷厂印刷　各地新华书店经销
成品尺寸：170mm × 240mm　16 开　12.5 印张　150 000 字
2022 年 5 月第 1 版　2022 年 5 月北京第 1 次印刷
定价：69.00 元
ISBN 978 - 7 - 5223 - 1417 - 4
（图书出现印装问题，本社负责调换，电话：010 - 88190548）
本社质量投诉电话：010 - 88190744
打击盗版举报热线：010 - 88191661　QQ：2242791300

2019年宣传思想文化青年英才自主选题项目

Foreword 前　言

行为主义起源于心理学流派，主张应该研究不同行为主体可以被测量的行为，历经早期行为主义、新行为主义、新的新行为主义三个发展阶段。后续出现了行为经济学、行为政治学、行为政治经济学、行为法学、行为金融学等学科（或称流派）。这些学科将行为分析理论与该学科的运行规律有机结合，对不同行为主体及这些主体的行为进行研究。随着2004年凯弗瑞与斯莱默德首次提出行为财政学这一概念，行为分析理论与财政学研究的结合也逐渐盛行。

行为主义视角下的财政理论拓展了传统财政学的研究范式和分析视角，不仅在理论上是一个全新的、尚待发掘的领域，在实践中也具有重要意义。在国外，对于行为主义与财政学的结合研究尚处于起步阶段，且更多地来源于行为经济学。在国内，“财政是国家治理的基础和重要支柱”论断提出后，学界已基本达成共识，财政学不应只是在应用经济学下的一个分支，而应站在国家治理的高度被重新审视。行为主义提供了一个很好的研究视角，并以崭新的研究范式，即研究在不确定情况下的各个行为主体的判断和决策，对传统财政学进行修正、补充和完善，以使财政学更接近现实，更富解释力。

本书拟从行为主义的视角，立足财政对于国家治理的基础性和支撑性作用，将财政行为分析与财政改革研究融入国家治理体系和治理能力的现代化进程，在两者相互促进中重新定位财政理论分析框架，探究财政改革实践路径。主要观点包括：

1. 财政的逻辑起点是基于集体行为的逻辑

传统财政学是在“经济人”假设前提下，以市场失灵为逻辑起点，围绕提供公共产品构建了一个理论或学科体系。行为主义通过研究证明，公共产品自愿供给显著存在，其本质上反映了人具有与生俱来的“社会性”，这放开了“经济人”假设，诠释人的行为动机。行为主义视角下，人的行为有两种存在方式：一种是个体行为方式，另一种是集体行为方式。作为个体的人，总要存在于一个集体之中，也称为存在于共同体之中。国家之所以成为国家、社会之所以成为社会，都是从集体的角度来看的，其深层次的原因是基于集体的需要，而这种集体需要的本质是要构建一种确定性。共同体之所以能成为国家，主要是因为财政。有了财政，才有共同体，而有了共同体，才有了国家这个“外壳”。从这个意义而言，财政的演变决定了制度的变迁，也决定了权力的变迁，推动了社会共同体形态的演变。因此，财政的逻辑起点是以集体行为作为基础。

2. 财政的本质是防范集体行为困境和化解公共风险

由于个体行为的外部化会产生集体风险，集体行为的脆弱性导致公共风险，就需要有公共风险的防范和化解机制。财政的本质就是防范集体行为的困境，化解公共风险。这种防范机制的安排，或者是通过法律制度等显性的行为规则，或者是通过道德习俗等隐性的行为规则，而无论是显性还是隐性行为规则，都需要财政来维系。

3. 财政与国家治理的基本内核具有一致性

国家产生于对“秩序”的追求，而追求“秩序”，是追求确定性的理性化表达。国家治理的本质是追求共同体集体行为的确定性和公共风险的最小化，保证国家发展和文明进步的可持续。财政是作为减少不确定性、防范公共风险的防御机制，与国家治理基本内核高度一致。财政承载制度的运行成本、承担最终的兜底责任、协调多元行为主体的利益关系。一言以蔽之，财政通过不断注入确定性成为国家治理的基础与重要支柱。

4. 政府间财政关系改革应以行为风险适配为原则提高中央和地方两个积极性

调动中央和地方两个积极性是一直以来处理政府间财政关系追求的目标。但是，由于信息不对称、权力不对称和利益不对称，中央政府与地方政府的行为目标存在非一致性，从而产生委托与代理、集权与分权、分工与合作，以及纵向竞争行为和横向竞争行为。提高中央政府和地方政府两个积极性即行为一致性的路径选择，需进行激励相容制度设计，使中央政府和地方政府从行为目标非一致走向一致，从激励不相容走向激励相容，从利益不相容走向利益相容。

5. 政府预算改革应以公共风险最小化为目标提高预算行为遵从度

政府预算的目标确立和分解过程即各个预算行为主体之间的行为博弈过程。在每一层次预算目标分解中，行为参与者之间目标函数的差异及信息不对称成为预算行为博弈的基本动因。在信息的搜寻和利用过程中，上报和下达预算目标的双方不仅要考虑环境带来的不确定性因素，而且要考虑对方的预期和决策，而预算目标的最终确定是行为参与者讨价还价和利益相互协调的结果，预算行为博弈的结果就是能够达成一种各行为方都可以接受的结果，即达成一种均衡。作为防范共同体公共风险的制度选择，预算应以公共风险最小化为原则，在资金、资产和资源等公共资源的配置中发挥决定性作用，形成激励相容约束，减少不同行为主体间的利益冲突，提高预算行为遵从度，实现“共赢”格局。

6. 税收制度改革应从税收行为关联出发形成激励约束相容

税收行为受到内部和外部双重约束的影响，内部约束包括纳税人的行为动机、认知差异、风险偏好及议价能力与行为，外部约束包括经济秩序、政府治理、法律规制等，在外部约束一定的条件下，由于纳税人的心理结构具有不同的特征，纳税人在纳税方案选择上存在个体差异。税收行为的存在使税收制度处于非均衡状态，对税制实施优化改革的设计及征管方式选择，应考虑这样一种机制，即这种机制满足个人“激励相容约束”，提高纳税人的税收行为遵从度，使纳税人在追求自身利益最大化过程中的行为选择符合政府的政策利益目标和行为取向。

7. 未来财政改革应确立行为风险治理框架

党的十八大以来，财政改革全面发力、多点突破、纵深推进，为经济高质量发展、推进国家治理体系与治理能力现代化提供了坚实保障。但是，若将其置于促进国家治理效能转化的视角以及政府、市场、社会三维治理坐标系中来看，依然存在不少困难和挑战，掣肘财政改革的进一步推进。未来财政改革应基于行为主义视角下公共风险治理的总体思路，即通过确立行为风险治理框架，化解改革的不确定性；同时在充分认识风险理性的基础上进行财政行为治理，引导不同行为主体的行为预期。从“路径依赖”转向“行为遵从”，实现各行为主体治理的激励相容，建立不同行为主体的风险分散和风险约束机制，发挥财政的综合平衡功能，注重结构失衡和利益冲突风险的化解，实现公共风险最小化。

程　瑜

2022 年 4 月

Contents 目录

引言 / 1

第一章 行为主义与行为财政理论研究综述 / 5
第一节 行为主义研究源起 / 7
第二节 行为经济学对行为研究的贡献 / 10
第三节 行为财政学的研究内容 / 15
第四节 行为财政理论的研究要素 / 20

第二章 行为主义视角下财政理论分析框架 / 27
第一节 行为主义视角下财政的逻辑起点 / 29
第二节 行为主义视角下财政的本质 / 34

第三章 行为主义视角下财政与国家治理的关系考察 / 41
第一节 国家治理的内核是基于追求集体行为确定性 / 43
第二节 财政与国家治理的内核和逻辑的一致性 / 46
第三节 财政行为在国家治理中的特殊地位 / 48
第四节 财政通过注入确定性成为国家治理的基础和支柱 / 50

第四章 行为主义视角下的政府间财政关系 / 53
第一节 行为主义视角下政府间财政关系的理论分析 / 55
第二节 政府间财政关系的改革实践 / 67

第三节　基于行为风险治理框架进行政府间财政关系改革　/　76

第五章　行为主义视角下的政府预算　/　83
第一节　行为主义视角下政府预算的理论分析　/　85
第二节　政府预算制度的改革实践　/　94
第三节　基于行为风险治理框架进行政府预算改革　/　121

第六章　行为主义视角下的税收制度　/　133
第一节　行为主义视角下税收的理论分析　/　135
第二节　税制与税收行为规范的改革实践　/　141
第三节　基于行为风险治理框架进行税制改革　/　152

第七章　国家治理现代化背景下行为风险治理的财政改革路径　/　157
第一节　国家治理现代化背景下财政改革的基本评价　/　159
第二节　以行为风险理性形成财政改革预期　/　165
第三节　实现各行为主体治理的激励相容　/　171
第四节　建立不同行为主体的风险分散和风险约束机制　/　174
第五节　基于行为风险治理新框架进行财政改革　/　179

参考文献　/　186

引　言

前言

引 言

财政是庶政之母，财政行为与制度安排体现并承载着政府与市场、政府与社会、中央与地方等方面的基本关系，在国家治理体系中处于基础位置，深刻影响着经济、政治、文化、社会、生态文明等领域。古今中外的实践表明，人类国家史上的每一次重大变革，无不渗透着深刻的财政原因。在某个国家由传统社会走向现代社会的过渡时期，财政往往作为先行力量，在现代国家成长阶段成为稳定和完善国家治理的基本工具与基础保障。因此，从根本上讲，现代国家的建立肇始于现代财政。

党的十八届三中全会通过的《中共中央关于全面深化改革若干重大问题的决定》将财政定位为国家治理的基础和重要支柱，并首次明确提出我国深化财税体制改革的路径方向，即构建现代财政制度。这既是对现行财税体制和制度的继承与创新，又是适应国家治理现代化新形势，对财税体制等基础制度的系统性重构。党的十九大报告做出了中国特色社会主义进入新时代的重要判断，从全局和战略的高度强调加快建立现代财政制度，并明确了深化财税体制改革的目标要求和主要任务。吸收西方国家的有益经验，建立与完善适合我国国情的现代财政制度，对于实现“两个一百年”奋斗目标、中华民族伟大复兴的“中国梦”具有多方面的现实意义。

2022 年是进入全面建设社会主义现代化国家新征程、向第二个百年奋斗目标进军的重要一年。站在“两个一百年”奋斗目标的历史交汇点上，既面临前所未有的发展机遇，也面临前所未有的风险挑战，尤其是发展不平衡、不协调、不可持续问题依然突出。这些问题从体制机制上看，都与财政理论研究创新不够与财政改革不到位有一定关系。

财政理论，作为一种基础理论，对其进行的创新研究和重新解释可以是多角度、多维度、多层次的，但对于一个基础理论的基本内核，或者说对一个学科体系的本质探讨，需要有基本的研究范式和分析框架，即财政的逻辑起点是什么，财政的本质是什么，财政与国家治理的关系到底是怎样的，一个国家应该构建一个怎样的财政治理框架，新发展阶段应如何深化财政改革。这些问题的解决有赖于从本质上、根源上对财政基本理论进行重新解释和定位，从而厘清逻辑起点，构建适合国情的财政治理分析框架。

本书拟从行为主义的视角，立足财政对于国家治理的基础性和支撑性作用，将财政行为分析与财政改革研究融入国家治理体系和治理能力的现代化进程，在两者相互促进中重新定位财政理论分析框架和财政改革实践路径。一是通过理论创新，在扬弃继承中西方财政理论合理内核的基础上，基于行为主义的视角，研究财政的逻辑起点和财政行为本质，分析政府与市场、政府与社会、中央与地方的关系，阐述财政在国家治理体系中的地位和作用，讨论在中国现阶段财政作为国家治理的基础和重要支柱，应该做什么以及如何做更有效率或者更有助于改善社会公平问题，以支撑国家治理体系建设。二是通过制度创新，为现代财政制度建立一个包括财政体制、预算制度、税收制度在内的“一体两翼”制度框架，以保证财政行为的合规性、公共利益性、有效性和公平性，使财政活动的有关行为主体在其博弈中能够形成长期、稳定、可靠的行为预期，促进各级政府可持续财政效率与财政公平的制度、体制和机制的形成。三是通过改革创新，包括政府间财政关系、预算制度、税制等维度的改革，税收法定、预算法定、事权法定等法治维度的改革等，打造一个现代国家应有的财政制度形态，以建立与国家治理体系和治理能力现代化相匹配的现代财政制度。

第一章　行为主义与行为财政理论研究综述

行为主义，20 世纪初起源于美国的心理学流派，主张应该研究不同行为主体可以被测量的行为。后续出现了行为经济学、行为政治学、行为政治经济学、行为法学、行为金融学等学科（或称流派）。这些学科将行为分析理论与该学科的运行规律有机结合起来，对不同的行为主体以及这些主体的行为进行研究。2002 年的诺贝尔经济学奖授予了丹尼尔卡纳曼和弗农史密斯，标志着行为经济理论的空前繁荣。瑞典皇家科学院的颁奖理由为："将来自心理研究领域的综合洞察力应用在了经济学当中，尤其是在不确定情况下的人为判断和决策方面做出了突出贡献。"2017 年诺贝尔经济学奖授予芝加哥大学教授理查德·塞勒（Richard H. Thaler），表彰其在行为经济学领域的贡献。这也标志着行为分析理论得到广泛认同。

近年来，行为分析理论与财政学研究的结合也在逐渐进行，2004 年南加州大学法学院院长凯弗瑞（McCaffery）与密歇根大学税收政策研究中心主任斯莱默德（Slemrod）首次提出行为财政学这一概念。此后，他们多次召集国际顶尖财税专家讨论行为财政学问题。会议论文集《行为财政学》于 2006 年出版，标志着行为财政学的正式确立。

第一节　行为主义研究源起

行为主义认为，心理学不应该研究意识，只应该研究行为，把行为与意识完全对立起来。所谓行为就是有机体用以适应环境变化的各种身体反应的组合。这些反应不外是肌肉收缩和腺体分泌，它们有的表现在身体外部，有的隐藏在身体内部，强度有大有小。行为主义认为应该对政治行为进行科学的研究，特别是通过使用定量方法进行研究，旨在创立完全以经验数据为基础的政治科学。行为主义产生于20世纪初，50年代和60年代盛行于美国和其他西方国家。早期行为主义的代表人物以华生为首，新行为主义的主要代表人物为斯金纳等，新的新行为主义则以班杜拉为代表。

一、早期行为主义

1913—1930年是早期行为主义时期，这一时期的行为主义理论是由美国心理学家华生在巴甫洛夫条件反射学说的基础上创立的，他主张心理学应该摒弃意识、意象等太多主观的东西，只研究所观察到的并能客观地加以测量的刺激和反应，无须理会其中的中间环节，华生称之为“黑箱作业”。他认为人类的行为都是后天习得的，环境决定了一个人的行为模式，无论是正常的行为还是病态的行为，都是经过学习获得的，也可以通过学习而更改、增加或消除；认为查明了环境刺激与行为反应之间的规律性关系，就能根据刺激预知反应，或根据反应推断刺激，达到预测并控制动物和人的行为的目的。他认为，行为就是有机体用以适应环境刺激的各种躯体反应的组合，有的表现在外表，有的隐藏在内部。在他眼里，人和动物没什么差异，都遵循同样的规律。

二、新行为主义

1930年起出现了新行为主义理论，新行为主义者修正了华生的极端观点。他们指出，在个体所受刺激与行为反应之间存在着中间变量，这个中间变量是指个体当时的生理和心理状态，它们是行为

的实际决定因子，包括需求变量和认知变量。需求变量本质上就是动机，包括性、饥饿以及面临危险时对安全的要求。认知变量就是能力，包括对象知觉、运动技能等。

三、新的新行为主义

新行为主义分化成两派，一派是以斯金纳为代表的激进派，另一派是以班杜拉为代表的主张采用更“温和”态度的阵营。新的新行为主义大胆地使用以往被传统行为主义摒弃和拒绝的心理学概念，探索认知、思维、意象在行为调节中的作用。他们强调行为和认知的结合，即既可以通过人的思维、信念和期待等认知过程预测人类的行为，也可以通过改变人的认知来改变人类的行为，且通过行为的改变也可改变人的信念、期待等认知过程；强调自我调节的作用，认为传统的行为主义强调外在强化对行为的影响，忽视了“自我”在行为调节中的作用。新的新行为主义者认为，如果行为仅由外部奖励或惩罚决定，人就会像风向标一样，不断地改变方向，以适应作用于他们的各种短暂的影响；强调心理过程的积极与主动性，新的新行为主义者强调要把行为主义同建构论结合起来，重视以往经由学习而获得的认知规则在对环境信息做出反应过程中的作用。

总之，行为主义学派认为心理学是一门自然科学，是研究人的活动和行为的一个部门，要求心理学必须放弃与意识的一切关系，提出两点要求：第一，心理学与其他自然科学的差异只是一些分工上的差异；第二，必须放弃心理学中那些不能被科学普遍术语加以说明的概念，如意识、心理状态、心理、意志、意象等。行为主义主张采用客观的实验方法，而不使用内省法。一般认为客观方法有四种：第一，不借助仪器的自然观察法和借助仪器的实验观察法；第二，口头报告法；第三，条件反射法；第四，测验法。行为主义的研究方法比较丰富，主要包括观察法、条件反射法、言语报告法、测验法和社会实验法。观察法包括自然观察和借助仪器的观察。条件反射法是把生理学中的条件反射法引入心理学对行为进行试验研究的方法，是行为主义心理学中最重要的研究方法。言语报告法即被试报告其体内的变化，又称口头报告法。行为主义的测验法是测验被试者对刺激情境所作出的反应，这种方法可以应用到有语言缺陷的人身上。行为主义的社会实验法在某种程度上可以说是行为主义原理在社会问题研究中的应用，可以考察社会情境和社会变化之间的关系。

第二节　行为经济学对行为研究的贡献

行为经济学是一门实用的经济学，它将行为分析理论与经济运行规律、心理学与经济科学有机结合起来，以发现传统经济学模型中的错误或遗漏，进而修正主流经济学关于人的理性、自利、完全信息、效用最大化及偏好一致基本假设的不足。

一、从同质的理性人假定到异质的行为人假定

在经济学里，“合乎理性的人”的假设通常简称为“理性人”或者“经济人”。理性人是对在经济社会中从事经济活动的所有人的基本特征的一个一般性的抽象。这个被抽象出来的基本特征就

是：每一个从事经济活动的人都是利己的。也可以说，每一个从事经济活动的人所采取的经济行为都是力图以自己的最小经济代价去获得自己的最大经济利益，并且传统经济学假设认为所有人都是理性人，都是利己的，所有人在这方面是一样的、同质的。

行为经济学则对“同质的理性人”假设提出了质疑。行为经济学认为，由于外部世界的复杂多变以及个体在信息获取与加工上的认知限制，人不可能做到完全理性计算的程度。行为经济学家认为，人是“行为人”，不具有完全的理性，而是具有有限理性——人们在决策中，获得的信息往往是不全面的，而且人的智力有限，无法正确地预期价值和全部的结果，同时受到生理条件的限制，人们的行动能力也是有限的。因此，人们做出的决策不是最优的，人们的行动结果是有偏差的。人们决策真实的目标不是追求“最优化”，而是追求最大的满意度。同时，他们也认为人在某些情况下并不是完全理性和完全自私的，并不是每个人都能够做出所谓的“理性的选择”，每个人在不同的情境下做出的选择并不是一致的，也并不是所谓的所有人都“合乎理性”，即出现了人们行动的异质性。科斯多次强调，经济学应该从现实中的人出发，现实中的人是怎样就怎样。行为经济学放松了传统经济学对人的假设要求，更加贴近真实生活。同一种环境，不同的个人的行为选择上都是有差异的，继而对于“理性”的定义以及判断“理性”的标准也存在偏差，这一点在整个人类社会都是无法做到完全统一的。因此，行为经济学将传统的“同质的理性人”假定变为“异质的行为人”假定。

二、从自利性偏好驱动到自利性和社会性偏好双重驱动

传统经济学认为人都是利己的，即追求个人利益最大化，认为

个人的行为都是出于追求自身的利益而采取的。但是，行为经济学认为人们有时并不努力追求个人利益最大化，个体的行为除了受到自身利益的驱使，同样也受到自己的心理特征、价值观、信念等多种心理因素的影响。行为经济学扩大了自利形式的适用范围，发展出了利他偏好、社会偏好乃至更一般的他涉偏好，即人在具有自私特征的同时，也具有公正和利他的特征。比如：人在某些情况下会出现“搭便车”等机会主义行为，但也有许多人愿意为公共事务做出贡献，如无偿献血、为陌生人提供信息、帮助老年人等。相信任何一个在公共选择领域进行经验研究的人都不会拒绝在必要的时候将个体动机由单纯的追求金钱利益改变成其他的更富有社会性的利益诉求。正是由于这种“社会偏好”的存在，其他行为者或社会状态对决策者的完全理性起到扭曲作用，不仅使个体表现出有限理性，还因为这种互动降低了行为者之间的冲突程度，使社会状态处于相对合意的水平。因此，行为经济学用“自利性和社会性双重驱动”替代了传统的“自利性偏好驱动”。

三、从研究财富的学问到研究行为的学问

传统经济学主要是研究人类赖以“衣、食、住、行、用、娱乐、安全”等的“商品或财富的生产、分配、交换、消费的循环和演变过程”，研究稀缺资源如何配置、如何利用有限的资源获得最大产出及如何实现社会福利最大化，是一门研究财富的学问。行为经济学则在传统经济学中引入心理学，特别是认知心理学，使经济学从研究财富转为研究人，是经济学的发展革新方向。行为经济学注重从人们的心理、认知出发，研究人的动机、行为，通过分析人们的行为动机预期人们将要采取的行为来研究经济发展问题。也就

是说，行为经济学抛开了过去传统经济学将资源、财富作为研究对象的思路，转为研究经济活动的主体——人，是一门研究人的学问。这一转变也必将改变未来经济学的发展方向，使经济学更加注重从人类自身研究出发。

四、风险偏好、不确定性及前景理论

风险偏好，是指个体承担风险的基本态度，是个人感知决策情景及制定风险决策的重要前导因素。风险就是一种不确定因素，投资实体面对这种不确定因素所表现出的态度、倾向便是其风险偏好的具体体现。不同的行为者对风险的态度是存在差异的，一部分人可能喜欢大得大失的刺激，另一部分人则可能更愿意“求稳”。根据投资体对风险的偏好，可将其分为风险回避者、风险追求者和风险中立者。

前景理论（Prospect Theory），也称展望理论，由丹尼尔·卡内曼和阿莫斯·特沃斯基教授提出，将心理学研究应用于经济学，在不确定情况下的人为判断和决策方面做出了突出贡献。针对长期以来沿用的理性人假设，前景理论从实证研究出发，从人的心理特质、行为特征方面揭示了影响选择行为的非理性心理因素。前景理论是描述性范式的一个决策模型，它假设风险决策过程分为编辑和评价两个阶段。在编辑阶段，个体凭借“框架”、参照点等采集和处理信息，在评价阶段依赖价值函数和主观概率的权重函数对信息予以判断。价值函数是经验型的，它有三个特征：一是大多数人在面临获得时是风险规避的；二是大多数人在面临损失时是风险偏爱的；三是人们对损失比对获得更敏感。因此，人们在面临获得时往往是小心翼翼，不愿冒风险；而在面对失去时会很不甘心，容易冒险。人们对损失和获得的敏感程度是不同的，损失时的痛苦感要大大超过获得时的快乐感。

前景理论，也有学者将其翻译为预期理论，主张在不同的风险预期条件下，人们的行为倾向是可以预测的。通俗地讲有以下几个方面：

第一，在确定的收益和“赌一把”之间，多数人会选择确定的收益。所谓“二鸟在林，不如一鸟在手”“见好就收，落袋为安”，称为“确定效应”。

第二，在确定的损失和“赌一把”之间，多数人会选择“赌一把”，称为“反射效应”。

第三，白捡的100元所带来的快乐，难以抵消丢失100元所带来的痛苦，称为“损失规避”。

第四，很多人都买过彩票，明知中奖概率很低，但依然会有人热衷于购买，称为“迷恋小概率事件”。

第五，多数人对得失的判断往往根据参照点决定，举例来说，在“其他人一年挣6万元，你年收入7万元”和“其他人年收入9万元，你一年收入8万元”的选择题中，大部分人会选择前者，称为“参照依赖”。

可见，常规理论认为偏好是预先存在并且稳定的，心理学家则认为偏好是构造出来的。行为经济学家如坎内曼、特沃尔斯基、拉宾等对偏好的一些特征进行了研究。他们发现，人的偏好是在做出判断的选择过程中产生的，在这个过程中选择的设置和外部因素会影响偏好的形成——人们在挑选苹果的时候才能确定自己想要什么样的苹果。人对于事物的敏感性也是递减的，也就是说，收益或损失的边际效用是递减的。但是，损失获得的关注要更多，人们对于损失的估价通常高于等量的收益。另外，如果存在一个参照点，人

们常常对于某个行动的后果与这个参照点的相对差异比较敏感，反而对于行动后果本身不敏感。

行为经济学兴起有助于主流经济学形成层次更高的逻辑演绎体系，丰富和完善经济学体系。在传统经济学范畴内，对于跨期选择，认为人们有一致的时间偏好，对于收益和损失具有相同的感知。行为经济学的跨期选择理论则通过大量实验发现了大量的违背传统经济学标准模型的异常现象。如在“当前获得450元”和“两天之后获得500元”之间，人们更愿意选择前者，因为人们不愿意放弃立即就能获得的收益，但是在“1年后的450元”和“1年零2天后的500元”之间，人们却能做出较为理性的选择而常常选择后者。这说明对于同样的选择，只是推迟了获得收益的时间，人们的偏好就发生逆转。因此，在行为经济学范畴内，现实中的“人”并不符合传统经济学“完全理性”的假设，而是更符合人性，在面对跨期选择时不可避免地要受到各种认知偏差的影响，导致最后结果达不到传统经济学假设的效用最大化，却更符合现实。除了资源有效利用问题，行为经济学更多地将个体偏好、外部制约及心理因素纳入研究重点，更加侧重从人自身出发，侧重研究人的心理活动，由其产生行为动机，然后由动机出发到采取具体的行为活动，包括经济活动、偏好选择等各个方面。毕竟从根本上说，经济本身就是由无数个体的行为组成的。

第三节　行为财政学的研究内容

国外已有的研究文献并不严格区分行为公共经济学和行为财政

学。在此，我们也不做严格区分，将其一并综述。行为财政学是行为经济学与财政学结合的产物。它借助行为经济学的基本理论和分析方法对传统财政学进行修正、补充和完善，以使财政学更接近现实，更富解释力。行为财政学不仅在理论上是一个全新的、尚待发掘的领域，在实践中也具有重要意义。有别于传统财政学，行为财政学借助行为经济学的基本理论和分析方法对传统财政学进行修正、补充和完善。在研究方法上，行为财政学将心理学等现实因素引入其中，拓展了传统财政学的研究范式和分析视角，不仅在理论上是一个全新的、尚待发掘的领域，在实践中也具有重要意义；在研究内容上，涉及公共产品、公共选择、财政收入、财政支出和财政政策等领域。我们在此择其重点加以阐述。

一、对公共品供给行为的重新解释

传统经济学认为，因为个体是理性“经济人”，在集体选择过程中会采取“搭便车”策略，所以导致公共品很难被个人自愿供给；群体规模越大，即一个社会中成员数量越多，“搭车”动机越普遍，也就越难以实现公共品的自愿供给。但是，这种基于新古典范式的理论预测并不符合我们从社会经济中观察到的事实：通常我们能看到，的确存在单个社会成员的“搭便车”行为，但同时也能观察到社会成员会自愿供给公共品，比如志愿者行为就是最典型的公共品自愿供给行为。

行为经济学家通过公共品博弈实验研究得出以下共同的结论：公共品自愿供给显著存在，且集体规模的影响不大。这就意味着投资者不仅自愿主动投资集体账户，而且投资比例还不低，并且随着被试人数的增加，这种投资行为并未出现弱化。行为经济学家进一

步探讨了究竟是什么因素激励了个人，使其自愿提供公共品。所有研究均发现：这种激励来自社会成员固有的社会偏好。这里所讲的社会偏好是指个体会自发地关注他人的行为和利益，并从中获得满足。这种社会偏好也常常被称为涉他偏好，包括利他、互惠和公平三大类，其本质反映了人与生俱来的社会性。也就是说，人是社会中的人，并非孤立的人。这种社会性恰恰被新古典范式省略，而行为和实验经济学通过社会偏好的形式重新找回了这一社会性。行为和实验经济学并不否认人的自利偏好，而是认为社会中的人同时具有自利偏好和社会偏好，因而形成一个偏好的微观结构。社会成员会受到自利偏好与社会偏好的双重驱动，因而表现在公共品自愿供给行为普遍存在，但同样会随着重复博弈次数的增加而发生衰减。具体来说，就是当社会偏好起作用时，人会表现出公共品自愿供给行为；但人的自利偏好也会在其中起作用，从而会弱化这种自愿供给。因此，可以通过奖惩机制、声誉机制、群体类型选择机制等防范自利偏好对社会偏好的挤出。

二、集体决策与行为公共选择

公共品可以通过社会成员自发供给出来，也可以通过社会成员形成一个集体，进而由集体决策供给出来。提供公共品的集体首先是政府，其次还包括非政府组织和各自自发群体网络。集体选择困境的根源在于成员的“搭便车”。进行集体选择时，在不确定性下选民可能出现理性局限，产生“投票悖论”，即选民投票选举政治家并无明确收益，投票的成本则由自己承担，因此作为理性“经济人”的选民就不会去投票。但是，现实当中选民普遍参与投票，这种行为明显违背了新古典范式的理论假定。后续研究发现的另一个异象是理性无知，说的是投票者在投票时，对备选方案或者候选人所知甚少。如果要收集相关的信息，所得收益也甚少，所费成本甚多，因而投票者干脆就不去收集这些信息，因此，看似投票者投票很冲动，这和理性决策逻辑不完全一致。传统经济学无法解释这两个悖论，行为和实验经济学从理性局限出发，重新解释了投票悖论和理性无知等异象，从而引发对新政治经济学的改造，相关成果被称为“行为政治经济学”或“行为公共选择”。

行为经济学家认为投票者参与投票的原因在于想表达自己的立场、态度、身份等，通过表达来获得表达效用。按照理性人假说，表达和投票者自利最大化一致，而按照行为经济学，表达本身就是人的社会性的体现。从理性人角度看，投票者通过表达影响其他人，类似一个外部性行为，这一行为可以在非表达投票效用中的收益项或成本项中增加一个正外部性或负外部性来解决，如同新古典经济学处理外部性问题的标准方法。因而，从理性人的角度看，其实并不存在真实的表达效用。表达效用这个概念存在本身就意味着投票者不可能是理性人，因为其中包含了以参照点和相对损益组成的价值函数的概念，从而表达行为可以理解成投票人的认知偏见、认同、社会偏好等的驱动。投票者会依据参照点投票，即产生所谓的“投票幻觉”。意思是，投票者以为那些和自己立场或喜好类似的人会去投票，于是自己也去投票；同时投票者会出现偏好逆转，并不会按照新古典理性“经济人”那样行动。很明显，表达行为在一定程度上就是投票幻觉。

三、税收行为遵从

在行为财政学的研究领域中，无论是财政收入、财政支出，还

是财政政策，均涉及双方当事人：政府与纳税人。政府在设计财政制度时，必须考虑纳税人的态度。纳税人的态度可能是遵从，也可能是不遵从，这些态度将直接影响财政活动的最终效果。因此，遵从要素是行为财政理论的分析框架之一。

有学者认为，如果一个社会的遵从程度太低，比如税收遵从程度太低，政府将无力提供社会必需的公共品，从而阻碍经济发展。因此，有必要探求影响遵从程度的各种因素，从而提升社会整体的遵从程度。也有学者分析了影响遵从程度的内部因素和外部因素，认为遵从的内部因素是公民道德，外部因素是处罚威胁。这些因素为提升公众的遵从程度提供了启示。

有学者建立了理性税收规避模型，描述不确定条件下的税收遵从，结果显示，税收遵从与稽查概率、处罚金额以及风险态度等因素相关。但是，着眼于税收实践，有些现象是理性税收规避模型无法解释的。现实社会中的人们除了利己主义思想外，还有利他主义思想和互利主义思想，公共品的自愿供给就是利他主义的最好例证。因此，必须跳出利己主义的传统思维，从多维视角审视财政领域中的遵从问题。

四、基于风险和不确定性的行为

正常情况的选择已经足够复杂，人们在不确定条件下就更加难以做出决策。坎尼曼和特沃尔斯基发现，在不确定条件下人们的决策行为往往会以各种各样的形式偏离经济学理性状态下的标准范式，不确定条件下的判断与主流经济学对理性的假定存在着系统偏差。

不确定条件下的判断和决策，许多都偏离了传统的经济学理论，特别是偏离期望效用理论。“预期理论”有三个基本理论观点：面临“获得”，人们倾向于“风险规避”；面临“损失”，人们倾向于“追求风险”；获得和损失是相对于“参照点”而言的。人们常常对结果偏离某一非固定偏好水平而不是对用绝对项衡量的结果更加敏感。重视变化而不是变化的大小，可能与心理学的认知法则有关。根据这种法则，人们对外部环境的变化而不是其强度更敏感。此外，与偏好水平相比，在同等大小的损失和收益之间，人们常常更讨厌发生损失。

第四节　行为财政理论的研究要素

行为财政理论的研究要素涉及行为主体、行为客体、行为目标和行为方式。其中最核心的是行为主体。财政行为主体可从多维视角加以认识，其在本质层次上是国家，在运行层次上是政府，在结构层次上可分为市场、政府和社会。

一、财政在本质层次上是国家行为

国家产生后，财政是国家的集中性分配活动，财政行为的主体是国家。国家宣称代表公共利益，是公共权力中心，实现统治阶级利益，客观上履行部分社会公共职能。国家兴衰演变，反映了各个时期国家统治者处理“一般社会职能与特殊统治职能”时，能否做到“长期理性与即期理性的统一”，能否维护整个社会的“共容利益”①。进入现代化阶段以来，财政的经济和社会职能持续扩展，维护国家主权与发展利益成为财政公共性的突出体现。

（一）国家行为不同程度地对经济过程产生影响

在国民经济中，国家行为不同程度地对经济过程产生影响，亦即不同程度地发挥着资源配置和收入分配的作用。这种对经济过程产生影响的程度上的差别，只是国家行为方式上的不同。然而，必须明确的是，国家行为所要实现的各具体目的虽然有时是不同的，但其要达到的不同目的之间却具有本质上的同一性，即为个人更好地实现其目标服务。因此，撇开国家行为本质上的同一性和其行为经济效果上的相似性，仅仅因为国家为达到目的而选择的具体方式上的差异，特别是国家为实现同一具体目的而选择的具体方式上的差异，将一部分国家行为排斥于研究对象之外，显然是勉强和缺乏科学依据的，并往往在财政学研究中将财政学置于尴尬境地。

（二）对国家行为进行全面分析显然是必要的和可行的

正如加里·S. 贝克尔所说，“今天，经济研究的领域业已囊括人类的全部行为及与之有关的全部决定”。因而，对国家行为进行全面分析显然是必要的和可行的，并且经济学家在这方面的研究也取得了不少研究成果，并出现了一些新的独立的科学。财政研究越是向纵深发展，可以使用的经济研究方法越多，财政科学涉及的面就越广，需要回答的问题也就越来越多，特别是在更高和更深层次上研究财政问题，就会发现国家行为之间在本质上具有同一性，不

---

① 曼瑟·奥尔森：《权力与繁荣》，苏长和、嵇飞译，上海世纪出版集团、上海人民出版社2005年版。

全面研究国家行为，许多财政研究就达不到预期目的。因此，进一步拓展研究范围，是财政学发展的必然趋势和其内在要求。

（三）应将财政学的研究对象和范围界定为国家整体行为

首先，财政学将不再仅仅是作为研究国家经济活动的科学而存在。过去，对财政学的研究更多地是从经济学的角度，所使用的研究方法也多是经济学方法。然而，随着社会进步和财政学科的发展，仅仅从经济学视角和运用经济学方法来研究财政学已不能解释所有的包括经济、政治、社会等领域各个行为主体的行为。因此，将研究对象界定为国家行为的财政科学，研究范围较之传统的财政学要广泛。其次，财政学研究的主题将由主要对国家直接支配的资金流量的分析转变为对国家行为的变化及其规律性的研究。在国家直接支配的资金流量与国家行为变化之间的关系上，国家直接支配的资金流量是因变量，国家行为变化是自变量。因此，揭示国家行为的依据和评价国家行为的科学性、合理性是财政学的首要任务。对国家直接支配的资金流量的分析和研究，被作为财政科学体系中第二层次的内容而纳入财务学的范畴。再次，财政学中研究的国家行为是一个动态的、不断变化的过程。在对这一过程进行的分析研究中，财政学不仅要分析研究国家行为这一集体决策过程中的个人参与，而且要全面分析研究单独的个人选择得以结合以形成“社会的”或“集体的”结果的各种手段；不仅要分析研究国家行为对非国家行为的影响，而且要分析研究非国家行为对国家行为的影响；不仅要分析研究某一特定时期的国家行为，而且要从人类历史发展角度研究国家行为的变化发展规律，从而探索人们在稀缺资源配置最优化问题上，如何在单独个体行为和集体行为的两种方式之间做出科学的决策，即探索人们将什么情况下的稀缺资源配置的最优化

任务赋予国家、国家完成这一任务个人和企业所需付出的代价，以及对个人和企业行为的影响。

（四）界定国家行为的内涵和外延

总体来看，国家是一个公共组织，这种公共组织较之于其他非公共组织而言，有两个明显不同的特征：一是这种公共组织行使着社会赋予的公共权力，并且这种权力是强制的。它表现为国家这种公共组织一方面可以采取非自愿的强迫手段来约束和限制个人和非公共组织的行为来为国家目的服务；另一方面还可以强制地限制和规定个人、非公共组织，个人之间和非公共组织之间，以及个人与非公共组织之间的行为。二是这种公共组织的管理者和领导者是通过一个特殊的与非公共组织不同的程序产生的。在现代社会中，他们都是直接或间接地通过一人一票的选举或竞选的方式产生，从而与按血缘关系自然产生和按资本多少指定的非公共组织中的组织管理者和领导者相区别。公共组织与非公共组织之间的这两个区别意味着：一方面，国家这种公共组织可以承担非公共组织所不能胜任的工作；另一方面，国家行为与非公共组织的行为之间存在着巨大的差异。从结构方面来看，国家这一公共组织由各种功能不同的行政办事机构组成，包括中央和地方的全部立法、行政、司法机关。此外，在不同的社会制度及政权的不同组织形式下，各种行政办事机构所行使的公共权力的分配和其相互制衡机制是有差异的。这就表明，在不同的社会制度及政权的不同组织形式下的国家，其行为的形成和变化是各不相同的。上述分析说明，尽管国家行为有其自身的特征，且在不同国家间存在着差异，但国家行为实质上就是指国家这一公共组织被授权和行使其权力的过程。

二、财政在运行层次上是政府行为

财政行为主体在运行层次上以政府为基本形态。政府对外代表国家，通过财政为履行职能提供资源支持。政府是活动着的财政行为主体，政府的组织形式、行为方式，反映了财政实现阶级性、公共性及国家意志的程度，进而决定国家的兴衰。在专制帝国时代，政府的总代表是君主，独裁是财政决策、执行的突出特征。进入资本主义阶段，在财政行为中政府受到市场力量的制度化约束，代议民主制逐步成为政府决策的主要形式，影响财政行为的参与者范围逐步扩大。政府多采用代议制民主形式管理财政，公民取得参与决策和监督财政运行的机会。“政府不是那种独立于其公民而行动的有机的或整体的事物，而是一种通过它私人公民集体地做出决策的工具”，公民“牺牲自己享用的货物和服务以获得公共提供的货物与服务”[①]。

三、财政在结构层次上是政府、市场、社会行为

如前所述，财政行为主体是国家，其代表是政府。但是，国家在历史上形态各异，政府行为组织方式不同，来自政治、经济、社会各领域的力量对财政的影响力不同，使财政形态呈现不同特点。以诺思为代表的新制度经济学派认为，国家的存在依托于暴力潜能，暴力潜能在社会中的分布结构决定国家对不同阶层或成员利益的反映程度。暴力潜能首先决定于强制性力量，间接决定于组织化

① 詹姆斯·布坎南：《公共财政》，中国财政经济出版社 1991 年版。

程度，根本决定于对经济的掌控。国家内部的政治、经济、社会组织拥有不同优势，不同力量共同作用于财政活动，强势组织对财政运行产生更大的影响。强势政治组织以政府、政党和官员为代表，拥有政治权力优势；强势经济组织又称市场组织，以企业集团和资本家（或称商人）为代表，拥有经济权力或资产优势；强势社会组织以非政府公益组织和劳工大众为代表，拥有人数众多的优势。这些组织分别代表不同阶级或阶层的利益。国家是不同阶级间的矛盾统一体，矛盾的激化是暂时的、短期的，矛盾的维系是持续的、长期的。企业集团和资本家处于经济上的优势地位，与非政府公益组织代表的劳工大众之间，在大部分时间存在“共容利益”。维系资本所有者与劳工大众之间的“共容利益”需要一个“第三方实施机制”。政府对外代表国家，以公共权力中心的名义行使政治上的强制权和协调权，作为第三方，通过官僚系统协调国家内部各主体运行。财政主体结构由“政府 + 市场组织 + 非政府公益组织”代表的力量构成，三种力量对政府施加影响，左右着财政决策与执行过程。财政主体结构的综合属性，外化为政权的特征，反映在不同时空的财政形态中。

财政行为目标和行为机制是政府、市场、社会的分工合作。在人类历史长河中，政府、市场、社会公益组织曾在不同时期发挥重要作用。市场的全球化扩展和市场作用日益扩大，是现代文明发展的推动力，又是贫富分化等社会问题的成因；国家（政府）是经济繁荣的必要条件，又是社会衰落的始作俑者；社会公益组织是社会安定的稳定器，又具有组织运行的选择性排他性。国家治理财政学，研究在政府、市场、非政府志愿部门分工合作框架下，财政范围、财政职能和财政运行方式，发挥不同主体优势，完善政府镶入社会的治理结构，追求共治共赢。在经历了政府全能、市场万能及推崇社会公益组织自治的实践后，研究财政为载体的政府、市场、社会组织互镶机制，有难度，更有价值。

四、简要评述

根据对国外行为财政理论文献的梳理，可以看出：一方面，行为财政学的提出为财政学研究提供了新的视野，学者们已从多个角度对行为财政学问题展开研究，其中在税收遵从、税收信任以及社会保障等问题上的研究取得了重要进展；另一方面，行为财政理论尚缺乏自身的逻辑体系和分析主线，有的理论直接照搬行为经济学的研究成果，还处于财政学与行为经济学的简单嫁接阶段。行为公共经济学家分别运用非福利主义方法和福利分析方法研究了社会保障、公共物品、公共政策等公共经济学问题，并指出行为公共经济学具有巨大的发展潜力，未来的研究将围绕优化理论模型、更新数据来源等主题展开，也为行为财政学的研究提供了思路。

总体上说，行为财政理论拓展了传统财政学的研究范式和分析视角，不仅在理论上是一个全新的、尚待发掘的领域，在实践中也具有重要意义。国外，对于行为主义与财政学的结合研究尚处于起步阶段，且更多地来源于行为经济学。国内，在“财政是国家治理的基础和重要支柱”论断提出后，学界已基本达成共识，财政学不应是在应用经济学下的一个分支或者说是二级学科，其地位应站在国家治理的高度来重新审视。行为主义提供了一个很好的研究视角，并以崭新的研究范式，即研究在不确定情况下的各个行为主体的判断和决策，对传统财政学进行修正、补充和完善，以使财政学更接近现实，更富解释力。

第二章　行为主义视角下财政理论分析框架

传统财政学的逻辑是经济学的逻辑，其逻辑起点是市场失灵。由于在公共领域没有价格机制，公共产品不能通过市场提供，即产生了市场失灵，所以公共产品需要政府来提供。政府提供公共产品的过程也就成了财政职能的出发点，传统的财政学就是围绕这一逻辑展开的。行为主义通过研究证明，公共产品自愿供给显著存在，其本质上反映了人具有与生俱来的“社会性”。这种“社会性”放开了“经济人”假设，诠释人的行为动机，重新描绘了一个社会中现实的人。行为主义视角下，财政的逻辑起点是基于集体行为的逻辑，其本质是防范和化解集体面临的公共风险。

第一节 行为主义视角下财政的逻辑起点

一、传统财政学的逻辑起点

（一）传统财政学的假设前提

早在18世纪70年代，亚当·斯密在《国富论》第五篇“论君主或国家的收入”中较为系统完整地阐述了公共支出、公共收入和公债等问题，确立了财政学体系。亚当·斯密建立了“经济人”模型假设，构建了传统财政学的假设前提。所谓“经济人”，就是假定作为个体的人的行为都是有目标、有理性的，物质性补偿的最大化是其唯一想获得的经济好处。这常常被用作经济学和某些心理学分析的基本假设。这个假设可用亚当·斯密《国富论》中的一段话来形容："我们每天所需要的食物和饮料，不是出自屠户、酿酒家和面包师的恩惠，而是出于他们自利的打算。"亚当·斯密认为，社会的公共利益是通过在自由的状态下，个人所追求其自身利益的过程中自然而然达到的，国家或政府没有必要也无可能就此方面操心。作为政府，只需要扮演好"守夜人"的角色即可，这个"守夜人"可以通过制定法律及相关制度来保障交易的自由进行，政府的职能及财政收支的范围也只是限于司法、国防以及提供一些作为个人不愿意提供或承担，但是对经济社会发展又是必需的公共事业。之后，西尼耳定量地确定了个人经济利益最大化公理，约翰·穆勒在此基础上总结出"经济人假设"。最后，帕累托将"经济人"这一名词引入经济学。在"经济人"前提假设下，由于公共产品具有非公共性和非竞争性特征，经济人是无法供给或充分供给的，这就确定了政府收支的边界。

（二）传统财政学的理论逻辑

纵观西方的财政学教科书，比较经典的有马斯格雷夫、布坎南和罗森等的《财政学》或称《公共经济学》。这些版本所述内容及观点虽然有差异，但共同的逻辑都是从政府与市场关系出发，推导出市场失灵，并将市场失灵作为财政学的逻辑起点。在传统财政学中，市场失灵包括公共产品（狭义）、外部性、垄断、信息不对称、收入分配问题和环境治理等问题，解决的方式是提供公共产品（广义）。由于在公共领域没有价格机制，这些公共产品不能通过市场提供出来，即产生了市场失灵，所以公共产品需要政府来提供。政府提供公共产品的过程也就成了财政职能的出发点，传统财政学就是围绕这一逻辑展开的。

传统财政学模仿经济学的分析框架，在政府提供公共产品的分

析中引入供给和需求分析框架。税收的出发点是为公共产品筹资（融资），预算则体现为公共产品供给和需求的政治市场，老百姓通过选票来表达对公共产品的需求偏好，政府根据这一需求偏好来提供相应的公共产品。在传统财政学当中，公共产品是福利角度的公共产品，运用的是福利经济学的分析方法。政府提供公共产品要满足福利最大化的要求。根据布坎南的观点，预算就是一个在政治市场上形成公共产品需求与供给均衡的政治程序。因为政治程序需要法治的支撑，所以不管是税收还是预算，都需要法定；而在公共产品的提供的过程中，还需要一个管理过程，这就是财政管理。

总之，传统财政学是在"经济人"模型假设前提下，以市场失灵为逻辑起点，把政府看成与市场没有内在关系的外在主体，围绕提供公共产品构建了一个理论或学科体系。

二、行为财政对"经济人"假设和"市场失灵"逻辑起点的修正

如前所述，一般传统的财政学认为，行为个体是有理性的"经济人"，所以其在做集体选择的过程中往往会采取"搭便车"的行为策略，这就导致公共产品很难被个人自愿地提供或供给。可见，传统财政学的逻辑是循着经济学的逻辑展开的，其逻辑是基于"经济人"假设的市场失灵。因为其在公共领域缺乏价格机制，所以公共产品无法通过市场来提供或供给，这样就产生了市场失灵，因此得出结论：这种情况下，只能通过政府来提供公共产品。这个过程也即成为财政职能的由来或出发点。比如，财政职能中的税收职能，为公共产品进行筹资是其出发点；财政中的预算，则是以公共产品供给和需求的政治市场为出发点；而社会公众或选民则是通过

手中的选票来表达其对公共产品的偏好，政府再依据这个偏好来进行公共产品的供给。

行为主义通过研究证明，公共产品“自愿供给”是显著或者普遍存在的，因为行为个体会自发地关注他人以及集体的行为和利益，并从中能够获得一种满足。这种个体自发地关注集体的行为及社会偏好，也被称为“涉他偏好”，通俗地讲，就是涉及他人、惠及他人，可以包括利他、互惠和公平这三大类，其本质上反映了一个作为个体的人，具有一种与生俱来的“社会性”，而这种“社会性”，打破或者说放开了“经济人”假设，从心理学等其他学科的角度诠释人的行为动机，重新描绘出一个社会中现实的人。现实中的人，会受信息收集的限制、计算能力的限制，以及对风险偏好把控的偏差影响，导致不完美的最优追求，会出现“拖延”“诱惑”等缺乏自制力的情况，决策还受到“参考依赖”“涉他偏好”等外在因素影响。因此，现实中的人是多样的、多变的，且行为互相影响，每个人追求的利益最大化目标也就不再与同质“经济人”一样整齐划一。也正是因为不同行为主体间利益追求的不一致，才会产生利益间冲突，时间上、认识上、行为上的不一致，市场不确定性和风险也就随之而生。

如上所述，传统财政学是遵循的一种政府与市场二元对立的思维，这种思维来自西方哲学，这与我国的传统哲学有很大区别，我国传统哲学所提倡的是“和而不同”。实际上，无论是政府、市场，还是社会，都是在国家这个整体或集体行为之中，扮演的是一种分工与合作的相互依存关系，而非相互对立的关系。从历史上看，人们之所以选择群居是内含着政府行为的，而个体之间的分工合作内含着市场和社会行为，政府、市场和社会的这种分工与合作关系是普遍存在的。

三、行为财政的逻辑起点：基于集体行为

从行为主义视角看，人的行为有两种存在方式：一种是以个体行为方式存在，另一种是以集体行为方式存在。作为个体的人，总要存在于一个集体之中，也称为存在于一个共同体之中，所有人的共同发展，是每个作为个体的人发展的前提。国家之所以成为国家、社会之所以成为社会，都是从集体的角度来看的，其深层次的原因是基于集体或者说整体的需要，而这种集体需要的本质是要构建一种确定性。集体或者共同体的存在是为了保证确定性。

相应地，人会面临两种不确定性：一种是作为个体所面临的各种各样的不确定性；另一种是从集体或群体角度而言所面临的各种各样的不确定性。作为个体的人面临不确定性时的行为，会产生个体风险，而作为集体面临不确定性时的行为所产生的风险，则为集体风险，进而成为公共风险。真正的共同需要就是防范公共风险，寻求一种确定性，避免共同体的整体消亡。个体风险可以通过市场的行为规则来解决，也可以通过道德的规则来解决，如社会互助机制，公共风险的防御则必须由集体来承担，也就是由社会共同体来承担。

财政不是基于个体本位，而是基于集体行为的逻辑。没有财政，国家也就不会存在。有着财政社会学创始人之称的葛德雪认为，“共同体是产生于国家之前，财政的需求是共同体升格为国家的重要途径。财政也由此成为历史上所有国家层面的体制改革的核心议题”[①]。国家中的每个人，都要自愿或不自愿地让渡出一部分资

① 李炜光，任晓兰：“财政社会学源流与我国当代财政学的发展”，《财政研究》，2013 年 7 月。

源来支撑共同体的存在。人从个体角度而言，往往不愿意自愿让渡资源，于是就产生了法律、公共权力和强制性。共同体之所以能成为国家，主要是因为财政。有了财政，才有共同体，而有了共同体，才有了国家这个“外壳”。从这个意义而言，财政行为的演变决定了制度的变迁，也决定了权力的变迁，推动了社会共同体形态的演变。因此，财政是作为集体行为需要构建确定性的一种风险防御机制，其作用就是减少不确定性、防范集体公共风险。可见，传统财政学的逻辑是建立在个体行为基础上的，而我们研究财政学的逻辑起点是以集体行为作为基础。

第二节　行为主义视角下财政的本质

无论是个体的人还是集体的人，其采取的行为会产生外部化，外部化又会导致集体风险、公共风险的产生，财政行为是为了防止集体风险、公共风险出现积聚扩散，是作为这样一种防御机制而存在。

一、个体行为的外部化产生集体风险

个体行为会产生个体风险，个体风险会转化为集体风险，也可称为群体风险，集体或群体如果大到一定程度，即会引发公共风险，这种转化与市场和社会都密切相关。例如，市场中如果出现了金融危机或经济危机，就会引发更大的公共风险；又如，社会中我们常说的就业、教育、医疗、养老等任何一个领域出现了问题，也

可能会转化为公共领域的风险。可见，个体风险的转化是个体行为外部化造成的，这种外部化都可能会转化为公共风险。从整体来看，经济社会的这种内生的不确定性都极有可能把风险扩大化。经济社会充满不同的产业链条和知识分工等构成的“你中有我、我中有你”的互相依赖关系，这就使风险会从个体出发进行不断传递，最后个人的风险就可能变成所有人的风险，也就是集体或群体风险。公共风险与个体行为、集体行为都密切相关，任何个体行为的风险，都有可能转化为集体行为风险，即公共风险。公共风险也与经济行为、社会行为都密切相关，通过经济社会中一系列的链条、节点、环节、阶段等逐渐演变而来。

二、集体行为的脆弱性导致公共风险

集体行为存在脆弱的一面，由集体行为的困境走向集体行为的帕累托累进，是包括管理学、经济学、政治学、社会学等学科学者共同致力探讨的重大问题。理论上说，集体行为的脆弱性或困境是客观存在的社会现象，是行动个体理性行为的非合作博弈结果。个人自私的行为并不一定能够而且在许多情况下显然不能够在亚当·斯密“看不见的手”的指引下产生最佳的社会共同结果，个人理性并不能保证集体理性。因此，公共风险甚至是危机的出现似乎在所难免。公共风险或危机的克服有赖于行动个体的行为自主性，但更多地仰赖制度的安排，因为制度是长期迭演博弈所选择的均衡结果，它是行动个体由不合作走向合作的路径依赖。

古希腊哲人亚里士多德（A. Aristotle）曾经断言：“凡是属于最多数人的公共事务常常是最少受人照顾的事务，人们关怀着自己的所有，而忽视公共的事务；对于公共的一切，他至多只留心到其中对他个人多少有些相关的事务。”[①] 使这一断言模式化的公共选择分析模型，影响最大的有三个：“公用地悲剧”“囚徒困境博弈”和“集体行动的逻辑”。

（一）公用地悲剧

1968年哈丁（G. Hardin）在著名的《科学》杂志上发表了《公用地的悲剧》（*The Tragedy of the Commons*）一文，描述了理性地追求最大化利益的个体行为是如何导致公共利益受损的恶果。哈丁设想古老的英国村庄有一片牧民可以自由放牧的公共用地，每个牧民直接利益的大小取决于其放牧的牲畜数量，一旦牧民的放牧数超过草地的承受能力，过度放牧就会导致草地逐渐耗尽，而牲畜因不能得到足够的食物就只能挤少量的奶，倘若更多的牲畜加入拥挤的草地，结果便是草地毁坏，牧民无法从放牧中得到更高收益，这时便发生了“公用地悲剧”。同时，尽管每个牧民决定增加饲养量考虑到现有牧畜的价值的负效应，但他考虑的只是对自己牧畜的影响，并非所有牧畜的影响。于是，最优点上的个人边际成本小于社会边际成本，纳什均衡总饲养量大于社会最优饲养量。正如哈丁所说：“这是悲剧的根本所在，每个人都被困在一个迫使他在有限范围内无节制地增加牲畜的制度中。毁灭是所有人都奔向的目的地，因为在信奉公有物自由的社会中，每个人均追求自己的最大利益。”[②]

（二）囚徒困境博弈

著名的“囚徒困境”博弈模型也说明：在一次博弈的情况下，

---

① ［希］亚里士多德：《政治学》，吴寿彭译．商务印书馆1965年版。

② Garrett Hardin. The Tragedy of the Commons［J］. in Science, Dec., 1968, Vol. 168. 1244.

人们不遗余力地追求自身利益最大化，而博弈结果对于集体来说往往并非帕累托最优状态。两个囚徒决策时都以自己的最大利益为目标，结果是无法实现最大利益，甚至是较大利益。

美国经济学家奥尔森（M. Olson）在其名著《集体行动的逻辑》中阐释个人理性不是实现集体理性的充分条件，原因是理性的个人在实现集体目标时往往具有“搭便车”的倾向。奥尔森批驳了传统的集体行动观，即由具有相同利益的个人所形成的集体是要为他们的共同利益而行动的，认为“除非一个集团中人数很少，或者除非存在强制或其他特殊手段以使个人按照他们的共同利益行事，有理性的、寻求自我利益的个人不会采取行动以实现他们共同的或集团的利益”[①]。在奥尔森看来，集团的共同利益实际上可以等同或类似于一种公共物品，任何公共物品都具有供应的相联性与排他的不可能性两个特性。公共物品的两个特点决定集团成员在公共物品的消费和供给上存在“搭便车”的动机，即使个人不为公共物品的生产和供应承担任何成本，也能为自己带来收益，因为公共物品的消费并不排斥不承担成本者的消费。

（三）集体行动的逻辑

与囚徒困境描述的一次博弈所导致的个人理性与集体理性的矛盾稍有不同，奥尔森阐述的是多人存在的场合下，反复式的迭演博弈所导致的集体非合作性结局。与哈丁叙述的个体理性导致集体非理性的过程稍有不同，奥尔森阐述的则是存在共同利益的情况下，理性的个体不会为共同利益采取合作性的集体行动。尽管如此，三种分析模型在本质上仍然是一致的：

---

① ［美］曼瑟尔·奥尔森：“集体行动的逻辑”，陈郁等译．上海三联书店，上海人民出版社1995年版。

集体行为存在脆弱性或困境，人类对公共事务的管理并非轻而易举。中国古代“三个和尚没水喝”“滥竽充数”的故事，俗话中的“众口难调”，古典经济学中的“劣币驱逐良币”，安徒生童话中的“皇帝的新装”，说明的实际上也是集体行动困境的问题。奥尔森在为桑德勒（T. Sandler）《集体行动》一书所作的序言中写道：所有的社会科学研究范畴，几乎都是围绕两条定律展开的。第一条定律是“有时当每个个体只考虑自己的利益的时候，会自动出现一种集体的理性结果”；第二条定律是“有时第一条定律不起作用，不管每个个体多么明智地追寻自我利益，都不会自动出现一种社会的理性结果”[①]。

集体行为的脆弱性还体现为治理结构与不确定性的不匹配关系。一方面，社会系统的管理与制度不足，无法提供足够的力量来应对本应可以解决的风险；另一方面，复杂的社会制度又容易削弱集体行为应对风险的努力。诺贝尔经济学奖得主彼得·汉森指出，设计的规则越是复杂且难以理解，它越可能会成为新的不确定性的来源。

再者，社会群体的高度关联性放大个体和集体行为产生的公共风险。尤其是在风险社会，人与人之间的联系更加紧密，不可分割，成为相互依赖的网络，每一个人、每一个节点都是风险源。社会的分工、知识的分工、社会不同阶层之间的利益差别，都会导致不确定性，从而形成公共风险。风险因社会群体的高度的关联性而升级，局部风险演化为全局风险的速度和危险程度在上升。社会越来越发达，个体和集体做出某些举动，都会在一瞬间影响和传递到世界每一个角落。信息化与网络化的情境将人的距离无限拉近，人

① 苏长和：《全球公共问题与国际合作：一种制度的分析》，上海人民出版社 2002 年版。

的行为产生层层波澜向社会各层面传开，这种链式反应使不确定性扩大，风险扩散，最终波及自身，你中有我，我中有你，局部的风险足够导致系统性瘫痪。

三、行为的异化推动规则创新及制度变迁

行为总是在不断异化，而制度总是有滞后性，而且是固化的。行为和制度之间的关系就像是一辆车的轮子与刹车之间的关系，只有当轮子的运动具有某种确定性时，刹车的制动效能才会显现。如果轮子在运动中可以变形，可以对刹车系统做出预期反应，那么这种规制就会失效。如果担心失效，刹车系统从一开始就不松开，那么车辆的运行效率很低，最终会使社会这辆车遭到损害，产生更大的公共风险。

行为总在变化，甚至变异，衍生出新的各种行为关系，这时法律、制度、规章就无法起到规范引导行为的作用。行为异化成新的行为方式，旧的制度可能就不适应新的行为了，这个时候就需要新的制度规则。农业社会到工业社会的演变极大地改变了人类的生产生活方式和相互之间的交往方式，同时也会产生很多的不确定性和公共风险，这就需要政府代表社会共同体来提供新的制度性公共产品。如果提供不及时，严重滞后，公共风险就会显现，甚至变为公共危机。

四、财政的本质是防范化解集体公共风险

如前所述，公共风险与个体行为、集体行为、经济行为、社会行为等都紧密相关，个体行为的风险会传递和转化为集体行为的风

险，产生公共风险，那么就需要有公共风险的防范和化解行为机制。谁来承担这个防范化解行为机制的功能呢？那就是财政。财政是基于集体行为的逻辑，财政的本质就是防范集体行为的困境，化解公共风险。

撇开经济的逻辑，所谓的公共治理是通过提供公共产品来化解公共风险。这里的公共产品并非一个物的概念，而是一种行为规则，是规范和引导个体和集体行为的规则。针对公共风险，大家都负起责任来，公共风险就会减少，大家都不负责任，公共风险就会增多。社会共同体又有不同的层次，涉及不同的人群、不同的区域，是多个维度的。各自承担个体风险的能力也不同，个体和集体行为的规则有助于分配和调节这些风险，就可以避免风险积聚而演变成公共风险。公共风险既有外来的，也是内生的，这两方面同时存在，都是公共风险。

可以说，所有的财政行为，本质上都是为了防范公共风险的积聚和扩散，或者说是一种公共风险防范行为机制安排。这种防范机制安排，或者是通过法律制度等显性的行为规则、或者是通过道德习俗等隐性的行为规则来发挥作用，而无论是显性行为规则还是隐性行为规则，都需要财政来维系。公共风险可以分为外来和内生两个层面，譬如，国防是为了应对外部的公共风险而存在的，警察则是为了应对内生的风险而存在。这两个层面的风险都源于不确定性，都是集体的风险，而且多数情况下是并存的。政府预算制度、税收制度、财政体制、财政资金分配制度等，可以说都是为了防范和化解不确定性和公共风险而存在。比如，财政预算的资金应按照公共风险的大小和程度来进行分配，风险越大的领域应该分配得越多，风险越小的领域就应该分配得越少。

第三章　行为主义视角下财政与国家治理的关系考察

国家治理的基本内核，是追求共同体集体行为的确定性和公共风险的最小化，保证国家发展和文明进步的可持续，这是最大的公共利益。财政的职能是作为减少不确定性、防范公共风险的防御机制，这与国家治理的基本内核是高度一致的。

第一节　国家治理的内核是基于追求集体行为确定性

从人类社会发展的历史过程来观察，小到一个组织，大到一个国家，都是在进化过程中的一种自发的无意识的结果，是在人类面临的集体行为困境从而产生公共风险的这种自然的作用下产生的。党的十八届三中全会提出国家治理体系和治理能力现代化，党的十九届四中全会又对此进行了更深入的阐述并指明了推进方向。学术界也从宏观层面和微观层面、经济角度和社会角度等，对国家治理做出了不同的研究和解读。不同的研究观点可能因为遵循的理论基础和研究范式不同，分析的方式方法也各有差异，但最终得出的国家治理目标其实是殊途同归的。

一、国家产生于对“秩序”的追求

恩格斯早在《家庭、私有制和国家的起源》中就对国家的起源进行了阐述：“国家是社会在一定发展阶段上的产物；国家是表示：这个社会陷入了不可解决的自我矛盾，分裂为不可调和的对立面而又无力摆脱这些对立面。为了……不致在无谓的斗争中把自己和社会消灭，就需要一种表面上驾于社会之上的力量，这种力量应当缓和冲突，把冲突保持在‘秩序’的范围之内；这种从社会中产生但又自居于社会之上并且日益同社会脱离的力量，就是国家。”①

由此可看出，国家产生于对“秩序”的追求，而追求“秩序”，其实就是追求确定性的一种理性化表达，说明国家本身是出于一种对风险的防范，或者说是个体行为的不理性导致了集体行为困境产生公共风险，社会陷入了内部矛盾和冲突，从而导致国家的产生。这也可以得出一个结论，人类社会进化的“原动力”是公共风险。

二、社会行为主体多元化催生了国家治理

在社会共同体中，不同的行为主体有不同的利益诉求，也可称为利益主体，过去主要表现为两个阶级，利益关系也主要是两者之间的利益关系，由此形成统治阶级和被统治阶级、管理者和被管理者。现在再用阶级分析的这种思维来看社会和国家已经不合时宜。社会是多姿多彩的，应当承认一个社会共同体中存在各种不同的利益。存在多元利益，经济社会才有活力。这在现实生活中就表现为多元的利益主体，比如有国家、企业、居民，有城市、乡村，有不同的区域，还有中央、地方，诸如此类。但无论有多少利益主体，基于社会共同体的公共利益始终存在。多元利益主体之间会产生复杂的利益博弈，要使这种多元的利益博弈不至于危害社会共同体的公共利益，就必须有一种能包容多元利益的治理结构，规范各自的责、权、利和行为。

国家治理理念的形成，以及新型国家结构的产生，其背后的东

---

① 中共中央马克思恩格斯列宁斯大林著作编译局，《马克思恩格斯全集》，人民出版社 2006 年版。

西是社会共同体内部产生的公共风险。追求善治，也就是追求公共风险的最小化，保证国家发展和文明进步的可持续，这是最大的公共利益。今天强调治理，其实是强调社会共同体的作用，使多元利益主体之间的竞争博弈转化为发展的合力，而不是转化为导致共同体停滞的斥力。无论全球治理，还是国家治理，在这一点上是相通的。不难看出，治理和公共性是内在关联的，治理的对象都是基于社会共同体的公共性问题。

三、国家治理的本质是实现集体行为确定性

社会是由多个个体组成的，这些个体可以覆盖多个领域，而每一个领域都有可能最终引致公共风险的产生，多种类型、多个领域的风险交织在一起，其影响程度和由此产生的损害或危害是巨大的。这样的风险，一般来说个人是没有能力应对的，而每一个个体的人之间又是相互联系的，在这样的风险中，没有人能独善其身、置身事外。俗语讲，“覆巢之下，焉有完卵”。这时，需要用集体行为的力量，在国家这个共同体的层面进行治理，通过优化治理结构，不断地为治理注入确定性，来防范和化解公共风险，从而实现国家的长治久安和人类文明的进步，这也是国家治理的本质之所在。

可见，国家治理的基本内核——或者说本质——就是化解集体行为困境，实现集体行为的确定性和公共风险的最小化，以此来保证国家的稳定、发展和社会文明进步的可持续。

第二节 财政与国家治理的内核和逻辑的一致性

行为主义视角下，财政从逻辑起点，到财政的本质、财政职能定位，均体现了国家治理的本质特征，财政行为属性与国家治理的本质属性是一致的。

一、财政行为属性是追求集体行为的确定性

从财政本质的诠释上来看，行为财政学放开了“经济人”假设，将确定的一般均衡模型进一步推向了不确定。人在面临不确定性时的选择有两种：一种是作为个体所面临的不确定和风险；另一种是作为集体所面临的不确定所带来的风险，即公共风险。财政的职能则是作为减少不确定性、防范公共风险的防御机制，这与国家治理的基本内核是高度一致的。

进一步讨论财政的行为规则、政策设计和财政职能定位。在不确定的市场环境下：一方面，人们在追求利益最大化过程中是有偏差的，需要政府政策予以矫正；另一方面，政府需要有效利用行为工具，制定便于人们接受的政策措施。行为主义为国家治理提供了有效的方法论：一方面，在多元利益冲突的环境下，国家需要寻找平衡各方面利益的共同点，也需要引导、矫正不同群体的利益偏差，使他们更加容易达成共识，减少冲突与不确定性。另一方面，在协调解决矛盾冲突过程中，行为方式变得尤为重要，有效的行为

方式或政策形式可以缓解利益冲突，化解公共风险。因此，财政行为与国家治理在本质属性上是一致的。

二、财政行为是注入确定性进行集体风险治理的过程

国家治理的内核是追求确定性，那么其治理的逻辑就是要注入确定性，对公共风险进行治理。在这个注入确定性和对风险进行治理的过程中，财政的特点决定了其处于一个核心或者说枢纽地位，是经济制度、政治制度、社会制度能够有效发挥功能和作用的中枢，也就是党的十八届三中全会提出的财政是国家治理的基础和重要支柱。

国家在不断注入确定性的各种治理的措施中，财政的作用是举足轻重和不可或缺的，是与其他任何一种措施相区别的。财政行为，是一种注入确定性的治理过程，通过这样的行为主体的互动共治过程，集体行为困境得以防范化解，从而实现公共风险的收敛或变小。

三、财政是防范化解公共风险的制度安排

所有的财政行为，本质上都是一种公共风险防范制度安排，都是为了防范公共风险的积聚和扩散。进一步探讨，行为是涉及不同领域的，个体行为和集体行为都会涉及不同领域。集体又分为不同的人群、不同层次、不同维度、不同区域。这些不同的集体构成中，个体能够承担风险的能力也不尽相同，政府需要制定规则来调节和分配这些风险，这样就可以避免个体风险的积聚扩散和叠加而形成公共风险。然而，只要是制度，它就总是不可避免地会出现漏洞，行为却是能够在不断地创新，这就会使行为让现有的制度“失

灵”或“失效”。这样，就要有新的制度来进行调整和优化，而无数个体行为的叠加又会形成一种新的行为方式，旧的制度又会出现不适应新的行为的状态，这时就需要出现新的公共产品来供给。在这样的一个链条或者过程中，会产生诸多不确定性和公共风险，防范和化解这些公共风险就需要财政来做制度及机制的安排。可见，所需的公共产品越多，就越需要制定行为标准或者行为规则来进行监督管理。这些不同层次、不同维度、不同领域、不同区域的行为，如果出现了不协调，就会产生公共风险。

第三节　财政行为在国家治理中的特殊地位

如果把国家治理结构看作一个系统，那么这个系统会由多种行为规则和制度组合而成。财政在整个治理结构中处于不同于其他行为规则和制度的特殊地位。

一、财政行为承担制度运行的成本

财政行为承担制度运行的成本可以从制度对行为的影响方式来看。制度有两类：一类是显性制度，对行为的影响表现为一种外在的强制性；另一类是隐性制度，对行为的影响表现为一种内在的自觉性。这两种制度，其形成和运行都是有成本的，而这种成本是社会成本或者也可以称为外部成本，是任何个人或个体不可能承担的成本，那就需要集体来承担，而财政就是基于集体的逻辑，作为防范和化解集体的公共风险的机制安排。国家，作为系统或制度结构

中最大的一项制度，更是需要财政行为来支撑。财政的这种行为的成本也可以称作防范公共风险的代价。

二、财政行为承担最终的兜底责任

任何一项风险都是由一定的主体来承担的，从不同身份出发，其承担的风险内容是不同的。在现代社会，国家或政府既是经济主体，也是公共主体。基于这两种身份的行为方式是不同的。作为经济主体时，政府与企业也好、个人也罢，与其他经济主体在法律上是处于平等地位的，这是其面临的风险——财政风险也好，企业风险也罢——是相同或者类似的；而作为公共主体时，政府的财政风险是制定或执行政府决策的风险，这与政府作为公共主体的职能及其具体政策目标有关。在这个层次，政府财政要做出的行为选择就是承担公共风险，维护公共利益，以公共主体的身份发挥最后的兜底作用，从而实现经济社会的稳定和发展，并且需要受到“公法”的调节与约束。

三、财政行为协调多元行为主体的关系

应对不确定性，防范和化解公共风险，只是依靠某一层面或某一方面的行为主体是远远不够的，需要调动和发挥多个行为主体的作用和积极性，实现共同治理，即形成多元共治格局。财政在协调多元行为主体的关系中发挥着基础性的作用，其中包括政府与市场的关系、政府与社会的关系、中央与地方的关系。财政通过多种政策工具，如政府预算、税收政策、公债制度等，来协调上述关系，从而形成一种可以应对不确定性和公共风险的治理结构。

第四节 财政通过注入确定性成为国家治理的基础和支柱

如前所述，国家治理的本质是基于集体行为的公共风险的治理，核心是不断注入确定性的过程，其中财政具有定海神针的作用——通过其不断注入确定性的行为成为国家治理的基础与重要支柱。

一、财政行为是公共风险的制度基础

财政是公共风险的制度基础，有利于提升风险理性水平。知识、技术、公共制度、公共创新能力和公共风险意识等公共风险理性每个要素都有相应成本，这些成本都需要财政承担。应对公共风险，需要对公共风险进行研究，加强对公共风险的预警，这有赖于知识水平的提高，也必须付出成本。为了抵御各种公共风险，人们需要创造和改进各类技术，这些都要付出成本。所有的公共制度，不管是显性制度，还是隐性制度，其形成和运行都是有成本的，这些成本都需要财政来支撑。国家本身作为最大的一项制度，以财政为经济基础，须臾不能离开财政的支撑。公共风险导致制度结构的产生，那么这种制度成本亦可看作防范公共风险的代价。

现代财政制度发展出的信用制度、投融资制度等，为既定的制度框架内的社会风险找到暂时的安置点。从风险管理的角度看，分散的风险点比单一的风险点更加难以管理。由于风险点之间存在关

联性，分散的风险点会产生系统性风险，使公共风险对经济社会的破坏力倍增。财政作为“蓄水池”的意义是为应对相关社会风险的制度改进争取时间，不同情况下的财政制度是灵活的，能迅速地依据风险类型选择弹性的财政收支政策，实现风险的转移与分散。财政风险虽然也有自身的限度，但是如果公共风险足够大，需要冒着财政风险的时候，财政也必须做出让步。全社会的总体目标是公共风险最小化，财政风险是服务于公共风险治理的。这也就说明，财政要为公共风险承担最后的兜底责任。

二、财政是公平与效率融合的行为载体

资源配置、市场统一是效率问题，社会公平则是现阶段社会关注的焦点问题。长期以来，效率、公平成为跷跷板的两端，成为理论和现实中很纠结的问题。其实，效率与公平不是哪一个优先的问题，而是从一个社会整体来看，实现二者的有机融合。在一定程度上，国家治理能力的强弱，可以用效率与公平的融合程度来衡量。融合程度越低，越是一边倒，就表明公共风险越大；融合程度越高，越是有机结合，就表明国家治理越是有效。那么，效率与公平怎样实现有机融合？在国家制度结构中，主要依靠财政行为安排去实现。纯粹的市场机制无法解决公平问题，市场本身产生“马太效应”。公平问题，靠“无形之手”难以解决，主要靠政府这只“有形之手”。学术上把公平和效率对立起来，实质上是市场与政府在理论界长期对立的逻辑延伸。整体衡量，市场与政府是有机的统一，效率与公平要有机融合，财政是不可或缺的载体。财政就是一个行为机制，像一根扁担，一头挑着效率，一头挑着公平，只有这个担子挑平了，才能往前走，挑着的担子才不会掉下来，即公平和

效率就有机结合了。只有这样，经济才能发展，社会才能进步。

然而，从现实来看，财政融合效率与公平的功能并不强，或者财政这方面的功能并没有真正发挥出来。这既与理论认识有关，也与财政改革不到位相连。就此而言，深化财政改革，创新财政制度，是促进效率与公平相融合的必要条件，也是降低当前国家治理风险的前提。

三、财政通过利益关系调节形成公共风险的治理结构

古今中外的实践表明，人类历史上的每一次变革都与财政有深刻的关系，统治政府的盛衰更替往往是由财政改革引起的，而每一次财政改革都是由社会风险暴发引发，成功的财政改革能够在很大程度上化解社会风险，给国家带来长治久安。历史上的财政变革所要直接解决的问题是当时的政府财政危机，但财政危机背后是经济、政治制度无法与当时的社会发展相匹配，而非单纯的财政问题。因此，财政改革行为应是社会制度变迁的起点，应逐渐向其他引发财政问题的根源领域延伸，与社会其他方面的改革配合，实现整体改善。

化解公共风险，仅靠政府或某一方面的力量是不够的，必须发挥多元行为主体的积极性，这也是我们讨论“治理”常有的题中之意。财政在调节各种利益关系中发挥着基础性作用。财政通过预算行为、税收行为和财政政策等，可以调节政府与市场以及政府与社会的关系。通过财政体制改革，可以调节政府部门和政府层级之间的关系。财政通过这些关系的调节，可以将各种力量的作用发挥到最大，从而形成应对不确定性和公共风险的治理结构。

第四章　行为主义视角下的政府间财政关系

调动中央和地方两个积极性是一直以来处理政府间财政关系追求的目标。但是，由于信息不对称、权力不对称和利益不对称，中央政府与地方政府的行为目标存在非一致性，从而产生委托与代理、集权与分权、分工与合作、纵向竞争行为和横向竞争行为。提高中央政府和地方政府两个积极性即行为一致性的路径选择，需进行激励相容制度设计，使中央政府和地方政府从行为目标非一致走向一致，从激励不相容走向激励相容，从利益不相容走向利益相容。

第一节　行为主义视角下政府间财政关系的理论分析

从信息结构看，中央政府的行为目标是制定一系列政策，进行宏观管理，实现全社会公共产品的有效配置、社会福利效用的最大化及公共风险的最小化，地方政府的行为目标则是提供那些主要与其辖区居民利益相关的公共产品和服务。与中央政府相比，地方政府更加了解本辖区的福利需求和公共风险状况，因此中央政府处于信息劣势，而地方政府处于信息优势。一方面，在分权供给公共产品时，地方政府很难协调跨地区之间存在的外溢性，也无法获得集中供给的规模经济效应；另一方面，集中供给公共产品，中央政府很可能不能满足对不同社区居民的各种偏好需求。

一、政府间财政关系行为分析

（一）委托与代理行为

委托代理理论是在20世纪60年代末，由于一些经济学家对阿罗·德布鲁体系中的企业“黑箱”理论不满，通过研究企业内部信息不对称和对职工的激励问题而发展起来的。其目标是研究在委托人和代理人存在利益相冲突和信息不对称的环境下，委托人如何设计激励代理人的最优契约。[①]

委托代理理论的基本假设：一是委托人和代理人之间利益相互冲突，二是委托人和代理人之间信息不对称。建立委托代理关系的前提，一是委托人支付给代理人报酬带来的效用要不低于代理人从事其他事务所获得的效用（市场机会成本）；二是在信息不对称情况下，委托人要使契约可以执行，必须考虑代理人自身的利益。委托代理理论的基本分析逻辑是，在激励相容约束和参与约束两个条件下寻找委托人设计的最优契约，让代理人的努力水平符合委托人的利益。双边委托代理问题在信息不对称情况下的最优解表明：一是委托人无法观察或控制代理人的努力，蕴含着一个重要的效率损失，即在满足激励相容约束与参与约束条件下的结果是“次优”，无法达到帕累托最优；二是最优契约由效率和对代理人的激励两个相互冲突的目标之间的权衡来决定，而且代理人必须承受部分风险。

为了使委托代理理论更接近现实，能更好地解释复杂的经济社

① Sappington, D. Incentives in Principal——Agent Relationships [J]. Journal of Economic Perspectives, 1991, 5.

会现象，研究逐步扩展到多代理人理论（单一委托人、多个代理人、单一事务）、共同代理理论（多委托人、单一代理人、单一事务的委托代理）和多任务代理理论（单一委托人、单一代理人、多项事务的委托代理）。如锦标制模型（Tournaments）属于多代理人理论，其做法是代理人的支付仅仅取决于该代理人的行为结果在其他代理人结果序列中的排位。多任务代理理论中，代理人要对不同任务的努力程度进行决策（复杂化了参与约束，由原来的参与获得最小效用大于保留效用转变为进行不同任务努力程度的效用组合的比较），而委托人要根据不同任务的性质以及对不同任务努力程度的要求（激励相容约束由原来的单一激励相容约束转化为多个局部激励相容和整体激励相容约束）进行最优契约设计。

（二）集权与分权行为

中央与地方政府间的关系最为基础的是事权关系，而事权关系又可以分为集权和分权两种模式。集权是指中央集中地方财力，并统一核拨各级政府的开支，其目的是便于国家实施宏观调控，有利于国家统一及社会一体化。财政分权是指通过规范的法律、法规等形式，划分中央政府及地方各级政府的收入权（征税权）和支出权，并赋予地方各级政府相应的管理权限（支出责任）。与财政集权相比，财政分权的根本实质在于地方政府拥有了一定程度的财政自主权。

财政集权与财政分权在学术界一向存在争论。支持财政集权的理由主要是，国家汲取财政能力是中央政府控制宏观经济能力的基础，只有通过提高国家汲取财政能力，才能充分发挥中央政府在市场经济转型过程中的主导作用。支持财政分权的理由主要是济效率和政府价值。Tiebout（1956）指出，地方政府具有相对于中央政府有关辖区居民偏好的信息优势，能做出更有效的公共品提供决策，保证居民偏好得到更大满足。辖区居民“用脚投票”选择不同的赋税和公共品组合，进而显示他们对地方公共品的偏好，为公共品的有效配置提供必要信息。分权能够使地方决策更接近民众，从而促进公共政策的多样化，体现政府价值。[①] 奥茨（1972）在《财政联邦主义》一书中提出了著名的“分权定理”——如果不存在集权基础上提供公共产品而带来的成本节省和辖区间的外部效应，那么每一个辖区提供公共产品所实现的帕累托效率水平所带来的福利水平，永远不会低于由所有辖区维持单一的、一成不变的消费水平而带来的福利（通常前者高于后者）[②] ——其实质是提出了分散化提供公共品的比较优势。因为从管理学的角度，地方政府离辖区居民“更近”，从而对辖区选民的效用与需求信息具有比较优势。在中央和地方政府能够提供同质公共品的前提下，明显的由地方政府提供效率会更高。因此，中央政府只应提供全国性的公共物品，如果人口的差异性很强，需求偏好的差异性很大，那么地方政府在公共产品供给上有效率优势。

尽管世界各国普遍接受了财政分权思想，并应用于其财政体制实践，但财政分权也存在负面影响：一是辖区间竞争，为吸引资本等高流动性要素纷纷采取“减税”政策，导致税收减少，造成税收效率损失；二是地方政府间提供公共品的差异化与社会公平之间的矛盾，特别是因为地区间发展水平、居民支付能力、阶层等形成的公共品差异，与社会公平相违背。对发展中国家而言，Oates（1999）、张晏（2005）等学者认为财政分权可能会产生如下问题：

---

① Tiebout. A Pure Theory of Local Expenditures [J]. Journal of Political Economy, 1956, 649: 416-424.

② ［美］奥茨：《财政联邦主义》，译林出版社2012年版。

一是地方政府官员腐败、素质较低、地方公共支出管理体系混乱等造成资源配置效率低下；二是经济效率所要求的地区财政能力大致均衡这个条件在发展中国家不存在，财政不均衡也许会在分权条件下加剧，中央政府应对结构性财政失衡问题能力弱化，限制中央政府影响地方政府实施政策的能力；三是地方政府间的竞争可能会导致其为吸引产业投资而置身恶性竞争。发展中国家即使实现了规范分权，地方政府履行配置职能要解决以下三个基本问题也存在很大难度：一是地方居民偏好充分显示，有限财政资源在多元化、差异化并相互冲突的偏好之间进行排序；二是特定的公共产品和服务的组合确定后如何有效率垢提供；三是地方政府所需的信息问题、动力机制及相关的制度安排。

第二代财政分权理论认为以上分权理论只看到地方政府在信息资源上的比较优势，而对分权的机制并未深入分析，尤其是认为地方政府“公共人”的假设不符合实际，即地方政府是一个高效的、没有自身利益的政府。在此基础上，第二代财政分权理论打开了地方政府理想的“黑箱”，将第一代分权理论隐含的政治假设显性化。事实上，地方政府是有限理性的，对地方政府官员的约束不力即导致存在寻租行为。因此，一个有效的政府结构对实现地方政府和居民福利之间的激励相容是必要的。如果地方政府基于自身利益出发对经济活动干预过多，会使有价值的投资活动转向政府干预较少的地区。同时，由于地方财政收入与支出挂钩，这会促进地方政府有动力推动本地区的经济繁荣，从而地方政府与经济当事人之间形成一种“激励—风险”的共享或共担的关系。

（三）分工与合作行为

行为分析视角下，处理中央与地方财政关系，发挥两个积极性，要求重新对中央与地方财政关系进行定性。已有的分析，归结起来可以分为委托与代理、集权与分权两类。

委托与代理关系分析框架下，中央与地方财政关系不存在参与约束，核心问题是代理问题，即地方拥有信息优势，从而产生对于中央政府的逆向选择和道德风险问题。用委托代理理论解释中央与地方财政关系存在诸多问题。一是一个中央、多个地方的现实国家结构，以及中央向地方委托事项的复杂性，决定了中央与地方之间的委托代理关系是一个多主体、多任务的委托代理关系，这将是一个无比复杂的模型。二是中央与地方的委托代理关系中，最终权力在所有权人——中央政府手中，其就委托事项可以收回或者更换代理主体。委托他人做事情类似于放权的概念，什么时候收，什么时候放，都是放权者说了算，而一旦形成分权，就不能随意变了。委托代理体现在很多中央应该做的事情委托给地方去做，中央只管发文件，并没有考虑这个事情适不适合地方去做，就交给地方，而且交给地方去做的事情越来越多，如国防、国家安全等。三是多重代理关系下，当发生地方与民众之间的委托代理问题时，地方会以中央与地方之间的委托代理问题作为“挡箭牌”，从而影响中央在民众心中的地位，也即有些情况下，很难区分不同层次的委托代理关系问题，从而产生委托代理理论的失灵。

集权与分权分析框架下，历史上计划经济体制时期，集权导致生产效率低下，经济发展缓慢，由政府向企业的分权逐步演变为政府内部的中央对地方放权与分权。但是，与政企分离的概念不同，中央与地方政府的权力如何分配很难有一个标准的界限来划分，从而在处理中央与地方财政关系的历史进程中，陷入“一放就乱、一乱就收、一收就死”的局面。财政包干制时期，中央向地方的放权导致地方“包死”了中央，而分税制改革，不但没有导致地方积极

性降低，反而促进了中国很多年的快速发展。所以，分权的程度越高并不必然导致地方积极性越高，因此集权与分权的分析框架有其局限性。

行为分析视角下，把中央与地方财政关系定位于分工与合作的关系。分工与合作不是简单的合伙干，也不是泾渭分明式的绝对划分，而是分清责任使中央与地方形成合力。在中央与地方关系上保持一种动态的平衡，从而通过处理双重委托代理中中央与地方问题划分不清的矛盾解决委托代理的问题，通过分工与合作的各司其职、发挥合力解决中央与地方之间集权与分权的“恶性循环”问题。

中央与地方财政的分工与合作关系也如委托代理关系一样不存在参与约束，但是由于中央与地方政府的地位不同，一方面，如何分工、如何合作与两个平等的市场主体之间不会完全相同，如中央政府可以利用政治权力对地方政府施加影响；另一方面，平等主体之间的分工与合作的主要目标应是共赢，即不同群体的福利增加，而根据委托代理关系，中央是全体居民的代理人，地方是辖区居民的代理人，辖区居民的总和等于全体居民，所以中央与地方财政的分工与合作不是简单的两个主体共赢，而是增加全体居民的福利。因此，分工不是完全听命的代理，也不是完全平等的竞争，而是要分清责任，解决中央与地方各司其职的问题。由于政府是一个整体，存在大量共同事权，中央与地方财政关系需要分工基础上的合作，解决发展合力问题。分工是基础，合作是目标。分工关系的确立需要以多主体、多中心治理为核心的国家治理理论的现实情境。

二、构建行为风险治理的分析框架

传统的主流财政学理论对政府间事权的划分，大多是基于外部性、信息复杂性和激励相容三原则。这三个原则基本上都是围绕公共产品的供给效率来确定的，主要反映了事权划分的效率维度，即哪级政府提供公共服务效率更高，就把公共服务确定为哪级政府的事权。然而，行为主义视角下，公共风险成为影响经济社会发展的根本因素，实现国家治理的长治久安，只考虑公共产品的供给效率远远不够，传统划分中央与地方事权的三原则存在一些局限性，已不能适应新发展阶段的需要，需要构建行为风险治理的分析框架。

（一）行为风险治理的四个维度

风险思维一直伴随着人类的发展，并体现在人类的各种行为之中。“从这些风险的属性及其化解、防范方式来看，可划分为两大类：私人风险和公共风险。前者是指产生‘私人’影响，可以由个人和企业承担的风险；后者是指产生‘群体（或社会）’影响，个人和企业无法承担的风险，也就是只能由政府来承担的风险。”① 不论是为了生存，还是发展，防范风险总是第一要务。有些行为是显性的防范风险措施，而有些行为虽然在表面上其目的不是直接应对各种风险，但仍是人类风险思维的体现，其行为特征受风险思维有意识或无意识的影响。行为风险治理，是防范风险的前提和基础。风险无处不在、无时不有。一个社会、一个国家有效地运转，能否有效地做好行为风险分配，实现各类风险平衡，是极为重要的。从行为领域、环节以及行为主体的角度，行为风险分配通常有四个维度。

1. 国家治理的横向结构涉及政府行为、市场行为与社会行为

政府、市场与社会是国家治理的三个领域，因而这三个领域的

① 刘尚希：“论公共风险”，《财政研究》1999 年第 9 期。

行为也都会面临着诸多风险，我们可称为政治风险、市场风险和社会风险。如果某个领域风险突出，一旦打破风险平衡，这个风险就会传递到其他两个领域，从而破坏整个国家秩序。在政府行为、市场行为与社会行为三个领域，做好行为风险的匹配，有利于增强整个国家的稳定性。

2. 国家治理的纵向结构涉及中央政府行为与地方政府行为

中央政府和地方政府是防范公共风险的主体。区域内公共风险的有效应对，可以防止其演化为全国性的公共风险。中央政府在全国层面做出的防范和应对风险的制度安排和各项措施，对于增强地方应对公共风险的能力起到重要作用。一个好的国家治理结构，就是在中央政府与地方政府之间合理分配风险，形成风险平衡，增强国家的稳定性。

3. 国家治理的主体涉及个体行为、集体行为与国家行为

个体是承担风险的主体，集体与国家也是承担风险的主体。有些风险，如私人风险，应该由个人承担起防范风险的责任。有些风险，单靠个人难以有效防范，需要在集体或国家层面建立有效的防范制度。基于个人的风险，也可能演化为集体风险和公共风险。集体风险和公共风险，对于相应领域的个人而言，则是一种个体风险。在个体、集体与国家之间合理分配风险，同样有利于增强共同体即国家的稳定性。

4. 治理环节涉及决策行为、执行行为与监督行为

一项政策和制度在决策、执行和监督整个治理行为环节中，都有可能形成风险，亦即决策风险、执行风险和监督风险。为了保障政策和制度能够达到行为预期的效果，减少风险，就需要在决策、执行和监督等行为环节合理分配风险，形成风险平衡。

（二）行为风险治理是政府间财政关系的核心

风险来源于行为的不确定性。不确定性是人类社会的一种常态存在，追求确定性是人类的心理本能。在风险社会，工业文明的发展在带来物质丰裕、科技进步的同时，也增加了社会发展中的各种不确定性——既有自然界因其自然规律和人类活动引发各种自然不确定性，也有人类关系、人类活动等引发的社会不确定性。因此，各种不确定性的增加，也使公共风险形成的复杂性、传递性和危害性都大为增强。防范风险，就是要增加确定性。

在不同的区域，面临的不确定不一样，形成公共风险的因素也不相同。如何才能有效应对各种复杂因素引发的公共风险呢？公共风险的性质和特点决定了个人即便可以规避和防范个人风险，但对于公共风险也是无力的，公共风险需要由政府防范。中央政府和地方政府在防范公共风险上各具优势。中央政府可以从全局层面，统筹规划、安排，调集资源，应对公共风险，尤其是对于跨区域的公共风险，更是可以打破区域限制，提升区域间的协同能力，更为有效地防控公共风险。同时，中央政府可以从整体局面，做好应对公共风险的基础性制度建设，通过制度设计、资源分配等手段，增强地方应对公共风险的能力，减少或消除政府间的能力差异。例如，中央政府可以围绕人的基本能力，在基本公共服务方面承担一些职责。地方政府，由于更靠近公共风险的发生源，可以更加及时地了解公共风险状况，对公共风险的演化做出判断，并能及时采取措施，对公共风险进行有效防控。因此，中央和地方在防范公共风险上各具优势。但是，有些公共风险，无论是单靠中央政府，还是单靠地方政府，都难以有效应对，需要发挥中央和地方的积极性，使其形成合力，打造有效的公共风险治理机制。

财政是利用公共经济资源，防范和化解公共风险的基本机制。政府间财政关系的核心，就是通过公共经济资源在中央和地方之间的有效行为配置，形成有效的公共风险治理机制。从行为风险分配的角度而言，政府间财政关系就是在中央与地方之间进行合理的风险分配，形成行为风险平衡。

（三）基于行为风险治理的事权划分原则

基于行为风险治理的事权划分，就是以追求风险最小化为目标，将“效率”维度融入“风险”的维度，在实现公共风险最小化时兼顾了公共产品的供给效率。总体而言，基于行为风险治理的事权划分原则主要有四个方面：

1. 行为风险决策

从事权要素来看，风险产生于决策行为、执行行为和监督行为等环节。一般而言，决策中的风险，是根本性、全局性和方向性的，其带来的危害也大于执行和监督中的风险。如果在决策环节就已经出现了偏差和错误，那么除非在执行和监督中改变决策，否则执行和监督中也会出现偏差和错误。但是，在单一制国家中，强调中央决策、地方执行，下级政府很难随便改变上级决策。因此，必须将风险决策置于首位。公共风险最小化目标下事权划分的风险决策原则，是指哪级政府决策更有利于实现公共风险最小化的目标，公共事务的决策权限就归于哪一级政府。全国性的公共事务决策，只有中央政府能够有效控制，决策权就应当归于中央；省域范围内跨地市的公共事务决策，就不能由地市分散决策，而应由省级政府负责。这就意味着，在我国单一制的国家结构下，中央政府要承担更多的决策权限，同时应根据风险的变化适当向地方政府放权。

2. 行为风险分担

只有解决了由哪些主体来共同承担风险、承担哪些风险以及多少风险，才能在风险管理中清晰划分各利益相关者的权利与职责，并建立相应的激励与约束机制，使相关各方在风险应对中找到自己的定位，从而将预防、规避及减少风险提上议程。传统风险往往是非人为因素和不可抗力造成的，而现代公共风险多与人类的决策和行为有关，其中暗含的责任和义务问题就不可避免地产生了。但是，要将制造风险的人与那些不得不承受后果的人彻底分开，实际上是不可能做到的，因为各种条件之间的关系错综复杂，导致制造风险的责任难以确定。从科学和法律意义上看，对风险责任主体的界定应该按照因果关系的原则来进行，如“谁污染、谁治理”，而财政事权划分是科学分配风险责任的顶层设计。风险管理的根本原则是实现“风险—权力—责任”三者的统一，在我国现行行政管理体制框架之下，三者的统一要求在划分财政事权时充分考虑防范和化解公共风险的需要，从根本上明确各级政府风险责任的界限。不同类型的公共风险，应有不同层级的政府来分担。以教育为例，基础教育、职业教育、高等教育缺失引发的公共风险是不同的，基础教育缺失引发的经济社会风险最大，应当由更高层级政府分担此项风险。分担风险是不同层级政府履行事权的过程，最终体现为相应级次政府的支出责任，支出责任划分的背后就是风险分担。这一原则可进一步延伸到横向的风险分担，如 PPP 模式，就是相应级次政府与社会资本合作，通过分担风险的方式来提供公共服务。

3. 行为风险匹配

在现代社会中，公共风险呈现集合式发展态势，其成因更加复杂，危害性和传递性更大。有效地防控公共风险，在事权划分上需要坚持行为风险匹配原则。风险性质与行为防范能力匹配。越来越

多的公共风险不再是传统的工业化物质生产过程中所产生的，而是来自技术进步。这意味着风险管理的专业性不是减少了，而是大大增加了。现代社会分工日益精细，专业化水平不断提升，要有效控制风险，必须把风险匹配给最适宜的一级政府，“让专业的人，干专业的事”。从风险识别、风险防范，到风险处置，不同层级政府的能力是不同的，有效的匹配才可以最有效地控制风险。

4. 行为风险调整

公共风险因区域、发展阶段和文化习俗等不同而有所差异，并且随着内外因素的发展变化而变化。每个区域、每个阶段应对的公共风险并不一样，其手段和方式也应不同。以确定性思维，显然无法应对不确定的风险变化。因此，在应对风险防控上，就要抛弃确定性思维。这就要求在事权划分上要坚持行为风险调整原则，即：建立动态的事权调整机制，根据中央与地方政府行为的变化、风险的变化，及时调整事权的划分，以有效应对风险变化。

第二节 政府间财政关系的改革实践

从我国改革开放40余年的路径来看，治理公共风险的行为主义路径构成了我国财政改革40年的脉络。西方国家一般是先立法，即先有制度，再改革；我国是“摸着石头过河”，先改革，后立法规范。40余年来的改革，很少是先改旧制度，再按照新制度去做，而通常是在旧制度难以整体更替之前，鼓励大家按照“三个有利于”的精神，大胆地闯，大胆地试，在发展中去规范，以行为的成效来创新制度安排，实现对旧制度框架的替换。这一行为主义的改革路径在财政体制改革方面最为明显。改革开放以来，财政体制改革围绕着放权、分权、治权这三个关键词，成为计划经济体制、市场化改革、国家治理改革等各个时期改革的“突破口”，既牵引整个改革，又为整个改革提供支撑。

一、放权改革调动地方行为主体积极性

在改革开放初期，缺食少衣是当时最大的公共风险，吃不饱饭、经济低效、发展缓慢，民众的基本生存权的保障都面临严峻挑战。在这种“短缺经济”背景下，财政的使命就是贯彻物质利益最大化原则，通过一系列放权让利行为关系调整，调动一切积极因素搞经济建设，以经济建设为中心的“建设财政”是这一时期的主要特征，财政政策行为追求效率与增长目标，努力做大经济蛋糕。这一时期财政改革的主要内容是：第一，通过增加对农民与农业的放权让利，调动农民的生产积极性。第二，对国营企业实行企业基金制度和利润留成，调动国营企业的生产积极性。第三，实行“分灶吃饭”的财政体制，按照分级包干制明确划分中央与地方财政收支范围，调动地方政府发展经济的积极性。

“分灶吃饭”打破了以往统收统支或者统支不统收、吃大锅饭的局面。政府间财力的分配由“条条”为主转向“块块”为主，为日后地方财政成为独立的一级财政和财政预算的统筹安排奠定了基础。

一是提高了地方和企业的生产积极性。“分灶吃饭”的财政体制扩大了地方的财力和企业的自主权，使地方有了发展本地区生产建设事业的内在经济动力和能力。地方政府出于追求政绩和形成当地繁荣局面的考虑，会主动为本地的企业发展创造宽松和良好的环

境，扶植乡镇企业、私营企业、外资企业等非国有经济成分或非公有制经济成分的发展，使“体制外经济”比重上升，推动了市场化进程。由于“分灶吃饭”，自己过自己的日子，地方主动加快国民经济结构调整的步伐，结构优化带来资源配置效率的提升。

二是加强了地方政府的财政管理责任。划分收支，自求平衡，不仅提升了地方政府的财权，同时加重了他们的责任，促使地方各级政府加强对财政工作的指导，努力挖掘本地区的生产、物资和资金的潜力，节约地、有重点地安排和使用资金，提高资金的使用效率，不断增加财政收入；由于节约归己，地方在狠抓增产增收的同时，十分注意精打细算，严格遵守财经纪律，许多地方实行了“一支笔”审批开支，从而形成一个增产节支的有效管理机制。

三是有利于财政、经济体制的创新。“分灶吃饭”以“分级包干”为基本形式的财政体制改革，虽然还受内在的行政性分权逻辑的制约，但其分权不仅带来不同于以往的行为模式，而且有利于经济体制和财政制度的持续创新。根本原因在于它改变了原来财政体制管得过多、统得过死的局面，使地方政府具有更多的财权和创新的机会，地方政府的活力得以释放，财政体制创新推动了经济体制的创新，僵化的体制开始变得灵活，反过来经济体制的创新也要求财政体制进一步创新，从而实现了良性互动。

二、分权改革形成多元行为主体预期

国家治理的概念尽管是在党的十八届三中全会才正式提出，国家治理改革的实践却早已存在。从政府、市场、社会三维治理结构这个框架来观察过去的改革，以市场化为导向的经济改革无疑是国家治理改革的一个重要维度，即便当时没有明确提出，历史却早把它纳入国家治理改革。若不以概念，而以历史演进逻辑来看，过去的治理改革是自发的，而当下的治理改革是自觉的。再往前看，20世纪90年代市场化改革的自觉，也是以之前10多年的改革探索为铺垫。当今的治理改革，依然没有改变过去改革的基本方向：分权。就此而言，中国改革的基本逻辑依然没有改变，只不过从经济分权转向了更广泛的全面分权改革，这就是当今治理改革的基本内涵，即行政性分权、经济性分权和社会性分权，这三类分权相互影响、相互促进。财政作为国家治理的基础和重要支柱，与行政、经济、社会三个领域高度相关。与这三类领域的改革相一致，财政同样经历了分权化改革——分权化改革为中国经济社会健康发展注入了新的活力和动力。

"放乱收死"循环要求确立地方行为（利益）主体、经济主体、社会主体，从而实行中央与地方关系改革、市场化改革和社会化改革。央地关系改革通过向地方分权，从"分灶吃饭"到分税制财政体制改革，让地方成为一个有效的、相对独立的治理主体，使国家治理从集中治理到分级治理。市场化改革通过向市场分权，重塑政府与市场的关系，市场（企业）主体地位形成，政府与市场的关系从"对立"开始走向分工与合作，形成发展合力。社会化改革通过向社会分权，以民生改善为重点进行教育体制改革、医疗卫生体制改革、社保体制改革、科技体制改革、事业单位改革等，形成自我管理、自我约束的主体。这样，通过财政向地方分权、向市场分权、向社会分权，形成多元主体的预期。

三、治权改革规范财政行为

21世纪初期，"家贫国穷"的公共风险已经基本消除，中国成

为世界第二大经济体，成为中上等收入国家，绝大多数家庭摆脱了贫困，国家综合实力、财政实力大大增强。但是，新的公共风险又愈发凸显，权利与权力的关系亟待调整，各类行为主体之间的权利也迫切需要界定和规范，民权与公权的关系亦需要重新调整。在新的历史条件下，财政也从“公共财政”转向“现代财政”，将通过治理改革建立现代财政制度。这也意味着财政改革从“放权”“分权”走向“治权”。这个过程是叠加的、继起的，也是渐进的，是一种动态优化的过程。在政府间财政关系改革方面，主要是规范政府事权，进行中央与地方事权与支出责任划分改革。

2014 年 10 月，党的十八届四中全会要求落实“权责法定”原则，为促进法治政府建设提供目标准则。2015 年 10 月，党的十八届五中全会强调，“各级政府事权规范化、法律化，完善中央和地方政府间事权法律制度”，要求在法律的框架下推进事权与支出责任划分。2016 年 5 月财政部明确指出要“建立以政府间财政关系法和预算法为两大支柱的现代财政法律制度体系”。2016 年 8 月国务院出台《国务院关于推进中央与地方财政事权和支出责任划分改革的指导意见》（国发〔2016〕49 号），确定中央和地方事权与支出责任划分改革时间表，要求 2019—2020 年基本完成主要领域改革，形成中央与地方财政事权和支出责任划分的清晰框架。

2018 年 2 月，国务院颁布《基本公共服务领域中央与地方共同财政事权和支出责任划分政策方案》，突破原有按东部、中部、西部确定支出责任分担比例的方式，改为依据各地区的事权范围与财力状况，分类分档承担支出责任；同时设立共同财政事权分类分档转移支付，加强中央政府支出责任。此后，国务院相继印发医疗卫生、科技、教育、交通运输、生态环境、自然资源、应急救援等领域中央与地方财政事权和支出责任划分改革方案。通过这些改革，政府间事权划分更加规范化，支出责任更加清晰化，有利于形成各级政府财政收支行为的稳定预期。

四、政府间财政关系改革实践存在的问题

财政是国家治理的基础与重要支柱，政府间财政关系改革即财政体制改革在全面深化改革中具有“牵一发而动全身”的作用，由于涉及政府间利益与责任的分配，可以说是全面深化改革中“最难啃的硬骨头”之一。

（一）中央与地方的财政体制未能有效地实现“激励相容”

改革开放之后，调整中央与地方关系成为改革转型的重要内容。我国在放权让利方面采取了一系列的制度安排，激活了地方的积极性。由此引发的地方竞争也成为我国40多年经济高速发展的重要因素。但是，地方过度的竞争，不仅带来地方发展的一些负面因素，影响了市场和企业的公平竞争，而且弱化了中央的权力，导致出现“上有政策下有对策”等不良现象，影响了国家治理能力。针对这种情况，我国开始调整中央与地方关系，增强中央的权威。这也带来了一些新的问题，即地方的积极性不高，有的地方被动执行中央政策，有的地方能推则推，把责任上移。这样，在地方治理中又出现了新的风险。但需要看到的是，过去我们的考核主要考虑GDP，现在涉及稳增长、调结构、保稳定等多重目标。设计激励相容机制难度大大增加，要用系统的治理思维来实现，但目前来看，这种机制还没有有效形成。

中央与地方的财政体制没能有效地实现“激励相容”。在特定时期特定情况下，公共风险越大的地方越能受到中央政府的支持，

在一定程度上造成了逆向激励，弱化其内生发展动力，加剧区域分化。激励相容问题则和预期紧密相连。如果一个制度设计使地方对财政收入没有预期，支出责任没有预期，或者说预期不稳定，都会弱化激励相容性。分税制改革前些年，地方有相对稳定的预期，所以有发展的积极性；而近年来，地方预期不稳定性增加，被动应对的状态越来越明显，道德风险上升，过度依赖中央转移支付，弱化了中央调控的初衷，加剧了激励不相容。财政转移支付与当地增长后劲之间的循环如果产生断链，将可能产生一种经济学上类似“资源诅咒”的现象，即对转移支付的依赖。“资源诅咒”将会使地区陷入“不发达”陷阱，导致区域分化加剧、差距拉大，对转移支付产生更大的需求，直到不可持续为止。如果这种循环一旦形成，国家发展的不确定性扩大，发展的整体效率将下降，跨越中等收入陷阱的难度将会增加。

（二）“风险大锅饭”体制没有发生根本性变化

经过多年财政改革，我国财政流量规模在不断地扩大，但财政能力受整体制度的约束而难以增强。政府的公共资源，无论是存量，还是流量，实际上仍处于割据的状态，财政风险具有明显的发散性特征，且已经在日益接近临界点。究其原因，主要在于改革的使命仅建成了激励机制，而构建风险约束（分担）机制，还只是刚刚破题，即“利益大锅饭”已被打破，而“风险大锅饭”依然如故。这导致公共风险扩大，最后不得不由政府财政来兜底，尤其在中央和地方政府之间，这种表现更为明显。在现行财政事权与支出责任下，地方政府没有成为完整的风险责任主体。中央政府作为制度的制定者和指令的下达者，事实上也兜底了所有公共风险，地方政府不仅不是经济主体，也不是完整的公共风险的责任主体。

在各级政府之间，下一级政府的所有债务实际上都是上一级政府的“或有负债”。地方政府没有税权，但有财产性收入；没有完全的发债权，但可以额度内借债并多样化融资；缺少发言权，但可以用地方公共风险来增加讨价还价的筹码。一方面来看，在利益分配中，中央占有优势；但从另一个方面来看，在风险分配中，地方占有优势。下一级政府总是可以利用各种风险事件来巧妙地把风险转移给上一级政府。当下一级财政濒临破产的时候，上一级财政不可能袖手旁观，置之不理。在这种体制下就产生严重的道德风险，预期就会发生改变。大家都是在冒风险追求利益，这样一来就会制造风险，从而形成公共风险。在风险责任不明晰且没有建立分担机制的情况下，上一级财政往往承担了风险事件的全部风险。

利益与风险对应，是市场经济社会的基本原则。但是，“风险大锅饭”破坏了这条基本原则，并在长期的社会实践中积淀为一种普遍的社会心理——大家都只想得到利益，而不想承担任何风险。在这样一种环境下，由于失去了风险的约束，各级政府、各个政府部门在面对公共风险，以及干预公共风险过程中的态度、行为随之发生变异，导致政府干预失当，表现为追逐高风险，避险动机和避险能力严重不足，最终的结果是使风险不断地向中央财政积聚和集中。这种不以风险责任界定为基础的风险转移，导致公共风险快速积聚和集中，从而使财政风险悄无声息地急剧放大。由于中央与地方政府间的财政事权关系不十分明确，政府间风险责任分配也不平衡，地方政府财政支出责任很大，但很多领域的风险责任却是由中央政府兜底的，由于存在中央政府兜底的预期，尤其在经济下行时期，地方政府风险责任主体的不完整，防范风险措施难以充分发挥其效用。

（三）转移支付"小马拉大车"承载过多职能

政府间转移支付制度是为了平衡政府间横向与纵向收入差距，以保证各地区、各层级的政府能够有效地按照国家统一意志为社会提供公共服务的制度安排。政府间转移支付制度，表面上是平衡各地财力、促进基本公共服务均等化，实质上是平衡风险。财政事权与支出责任划分改革体现的是中央政府承担底线公平，而中央对地方的转移支付制度体现的是其他目标，如政治目标、生态环保目标、社会发展目标等。转移支付制度本身并不影响财政事权、支出责任以及收入划分的顶层设计，而是在财政事权、支出责任、收入划分既定格局基础上的"平衡"。从改革逻辑次序来看，财政事权划分是决定性的，支出责任匹配是关键性的，转移支付则是保持整个政府间财政关系具有一定的弹性，以实现相应的政策目标。

我国的转移支付制度作为分税制改革配套措施，也成为贯彻中央重大改革决策的有力工具，所以转移支付从建立之初就承载了很多体制、改革和政策的要求，在政府间财政事权与支出责任划分不清的情况下，扮演了"小马拉大车"的角色。比如，受体制影响，中央在财权上移和事权下移过程中集中了全国财政收入的一半以上，而只承担了15%左右的事权支出，出现了大量体制原因导致的转移支付。另外，很多转移支付设立、调整或取消是为了落实重大改革和政策，例如1998年为刺激消费而设立调整工资转移支付，2000年为落实《中华人民共和国民族区域自治法》和西部大开发战略而设立民族地区转移支付，包括后来的农村税费改革转移支付、县乡奖补转移支付、资源枯竭城市转移支付、国家重点生态功能区转移支付等，这些项目均是服务于改革和政策落实。

地方财政收入占财政总收入的比重相对平稳，在40%—55%，而地方财政支出占财政总支出的比重达85%左右。中央集中收入的规模大，大量资金通过转移支付到地方，导致地方大量事权依赖中央的转移支付进行落实。在现有转移支付格局下，区域间财政能力呈现分化趋势。西部和东北地区对转移支付的依赖程度不断增加，而东部和中部地区的依赖性下降。

经济下行压力下，转移支付增速下降，“保基本支出”却持续增长，收支矛盾日益凸显。不同类型转移支付的增速呈边际递减趋势，尤其在西部、东北等地区，转移支付成为地方政府维持基本运转和发展的支柱性来源。在财政事权与支出责任划分不清的情况下，转移支付制度承载了过多体制、改革和政策的要求和事权，出现了“小马拉大车”的情况。此外，项目承载的事权纷繁、庞杂，行政层级信息不对称导致管理不够规范，上级资金与地方发展实际很难对应导致绩效偏低，还有“碎片化”、交叉重复等一系列问题也随之而来。这些问题导致地方财政风险日益增加。

第三节　基于行为风险治理框架进行政府间财政关系改革

事权划分与支出责任改革不到位，反映出中央与地方的财政体制没能有效地实现“激励相容”，导致地方政府逆向选择，对中央转移支付的依赖越来越大，一旦形成恶性循环，则加剧区域分化，区域间不公平增加，差距拉大，就会对转移支付产生更大需求，直到不可持续；最终导致整个国家发展的不确定性加大，整体效率下降，转化为公共风险甚至是危机。这需要转变思维方式，从确定性

思维转向不确定性思维，将风险理性注入财政体制改革设计，在“一体两翼”改革框架下打破“风险大锅饭”，按照风险决策、风险分担和风险匹配原则进行财政体制改革。

一、从确定性思维转向不确定性思维

完善制度设计，迫切需要转变思维方式，从确定性思维转向不确定性思维，从实体理性转向风险理性。实体理性是基于确定性思维的，而风险理性是基于不确定性思维的，在不确定性中寻找确定性。实体理性是“治已病”，是确定出现问题了，才去治理。风险理性是“治未病”，是在问题和危机还没有出现之前就防患于未然。这意味着思维方式的转变，意味着应对机制和应对手段都要发生变化。

中央与地方财政事权与支出责任划分改革体现的是中央政府承担底线公平，转移支付是在财政事权、支出责任、收入划分既定格局基础上的平衡。从改革逻辑次序来看，财政事权划分是决定性的，支出责任匹配是关键性的，转移支付则是保持整个政府间财政关系具有一定的弹性，以实现相应的制度设计和政策目标。

财政改革的最终目标是有效化解公共风险。现阶段的财政体制改革应以基本公共服务领域财政事权划分改革为突破口，在识别财政事权风险的基础上，强化中央财政事权，规范并减少中央与地方共同财政事权，赋予地方政府充分的自主权，并根据公共风险的变化，建立中央与地方财政事权划分的动态调整机制。

二、以行为治理来衡量财政体制的有效性

传统思维方式和方法下的财政制度是以制度规定不完善来看现

实中出现的问题，把填补制度漏洞、完善制度文本作为重要手段，是一种“法制”思维，即确定性思维。国家治理理念下的财政改革要求转变思维方式，运用风险和不确定性分析的思维，以行为规范治理来衡量制度有效性，从行为动机出发，矫正行为，是一种“法治”思维。传统制度管理更像是一种“堵”的方式，国家治理下的财政行为分析更像是“疏”的方式，不同的思维方式将导致不同的财政改革。总之，国家治理不仅需要制度保障，更需要对行为的引导和约束，而且行为分析与国家治理更加匹配。

财政体制决定了中央与地方的财政关系，为了收敛公共风险，使其最小化，就需要中央与地方财政行为动机一致、体现理性决策和公平与社会偏好。要实现这一目标，需要明确三个层次的分工与合作——政府与市场、中央与地方和地方之间的分工与合作关系。中央与地方的分工与合作关系不同于政府与市场的分工与合作的“风险—收益”，也不同于地区间合作的共赢目标。纵向国家治理结构下，在明确政府职能边界后，需要理顺事权关系，建立中央与地方公共职责分工体制。分工与合作不是简单的“合伙干”，也不是泾渭分明式的绝对划分，而是分清责任，形成合力。

中央与地方的分工与合作，首先是中央与地方事权之间的分工，从国际经验的启示中可以看到，发达国家都有明确的法律法规明确中央与地方事权，如德国的《基本法》、日本的《地方自治法》等，然后是中央与地方作为共同代理人形成合作关系，承担共同事权形成合力。通过转移支付体系矫正地方政府支出结构偏差只是短期政策，而且地方政府税基的减少或损失会引发地方“自谋生计”的动机以及针对货物和要素流动建立贸易壁垒的行为。长期看还是要按照风险分配原则建立合理的政府间纵向分工体系，减少分工模糊、职能重叠所引发的政府间财政道德风险。

三、以行为风险理性实现公平与效率的融合

与世界上大部分国家从农业社会向工业社会的发展路径不同，我国除了要实现农业国家向工业国家转变外，同时还在进行着从计划经济体制向市场经济体制的转轨。双重目标之下，我国社会主要矛盾与公共风险与其他国家存在差异。这种复杂性意味着，在事权划分中既要考虑传统的效率因素，也要结合我国国情，关注现实中的公共风险。此外，利益之所在，风险之所在，是市场经济的普遍规律。效率、福利在一定程度上是与风险成正比的，追求效率意味着在更高层次的不确定性中决策，追求福利意味着风险偏好的升级。财政事权的划分是一种利益与责任的分配，在利益分配背后更应当有行为风险分配的逻辑。

事权划分一方面要体现社会福利的“公平”原则，另一方面也要体现公共产品提供“成本—收益”的“效率”原则。传统的外部经济性、信息有效性和激励相容性三原则，体现的是“效率”，社会福利最大化体现的是“公平”。公平与效率是在政府公共管理目标与事权划分的原则上分别体现的，并不能天然地实现统一，二者的统一仍需要政府在公共政策的设计上予以体现。因此，需要将行为风险治理注入财政体制设计，打破“风险大锅饭”，按照行为风险决策、行为风险分担和行为风险匹配原则进行财政事权划分，改革制度设计，以实现区域公平和效率提升，本质上就是要实现公平与效率的有机融合。因此，我国中央与地方财政事权与支出责任的划分，应当在借鉴传统“效率”三原则的基础上，更加突出“公共风险”的因素，遵循风险理性原则，把公共风险最小化作为事权划分与转移支付设计中“效率”与“公平”相统一的基点。

一是识别基本公共服务财政事权中的风险。清晰划分政府间事权，要先明确各级政府拥有哪些事权。应在编列各级政府基本公共服务财政事权清单的基础上，对各类财政事权项目进行风险分析和识别。风险识别是风险管理的基础。在企业风险管理中，通常采用生产过程分析、风险调查列举、资产状况分析、失误树分析等方法进行风险识别。基本公共服务事权的风险识别，应当进行全面周详的考察论证，在专家咨询、公众参与、利益相关者调查的基础上进行。

二是根据风险决策原则，适度强化中央财政事权。部分决策权在中央，又体现基本公共服务的普惠性、保基本、均等化方向的事权，执行权也上划中央，由“中央决策、中央执行”，由中央财政在全国范围内综合平衡。中央政府应在深入调查研究的基础上，根据现有的支出标准，考虑经济社会发展水平、区域间差异等因素，测算基本公共服务的“底线”标准及现时条件下能达到的最高标准；参考最高标准，确定等于或适当高于底线标准的数值作为基本公共服务的基准。

三是根据行为风险分担原则，适当减少并规范中央与地方共同财政事权。作为单一制国家，中央与地方共同财政事权较多具有其合理性，尤其是基本公共服务财政事权由中央与地方共担，有利于促进基本公共服务均等化的实现。因此，适当减少中央与地方共同财政事权是减少不合理的共同事权设置，并不是消除共同财政事权。例如：武警、地理测绘、地质勘探经费等支出，其缺失所造成的风险影响全国，地方政府就不宜与中央分担支出责任，这类财政事权应全部上收中央。对于合理的中央与地方共同财政事权，不宜采用一事一议或中央因地制宜决策的方式，应当有规范的管理制度，在规定存量财政事权比例、标准、方式的同时，形成稳定的新增财政事权协商机制。

四是根据行为风险匹配原则，赋予地方政府充分的自主权。“谁决策、谁负责”所体现的权责对等是现代管理中的重要原则。我国目前财政事权中的绝大部分决策权限在中央，是地方政府存在绝大部分公共风险中央兜底预期的体制原因。我国疆域辽阔、人口众多，各地区差异很大，在人民群众公共需求日益多元化、个性化的条件下，有些基本公共服务供给由中央全部决策，不利于高效地解决发展不平衡不充分的社会主要矛盾。基于此，党的十九大提出“赋予省级及以下政府更多自主权”的改革要求，这也意味着地方政府要承担更多的风险责任。中央与地方财政事权的划分也应当贯彻此项改革要求，在一些区域性基本公共服务的供给中，中央定底线标准和最高标准，由地方政府根据辖区经济社会发展水平、人民群众实际需要和财政承受能力，决定辖区的基本公共服务供给标准与方式。

五是根据公共风险的变化，构建财政事权划分的动态调整机制。经济社会在发展，技术在进步，人的需求在发生变化，这些因素意味着公共风险也会发生变化。在基础教育需求基本得到满足的情况下，近年来我国的幼儿教育供需矛盾日益突出，在一些大城市甚至成为社会风险因素；人口老龄化日益加剧的条件下，当前及未来很长一段时期，养老及医疗卫生领域可能会因供需矛盾导致社会风险聚集。理顺中央与地方政府在这些领域的基本公共服务供给责任，有助于更加高效地提供相关公共服务，化解矛盾与风险。因此，中央与地方财政事权划分改革不可能一蹴而就，也不可能一劳永逸。在中央与地方财政事权划分立法或制度设计时，应当考虑公共风险的变化，设计相应的动态调整机制。

四、以行为风险适配完善转移支付制度

在行为风险治理框架下，政府间转移支付制度应以平衡适配各

地风险来实现基本公共服务均等化。

一是剥离现有转移支付中“应由中央承担的共担性支出责任”，充实中央本级支出。在现有财政事权与支出责任划分改革有待进一步明晰的背景下，建议选择“以人为中心”的基本公共服务作为清理规范中央对地方转移支付的突破口，适应人口流动的要求，把涉及教育领域的生均经费、医疗卫生领域的基本公共卫生经费、基本公共文化经费等转移支付项目从已有转移支付体系中剥离出来，先行将此类中央与地方共担的基本公共服务支出明确为中央本级支出，上划相应支出责任，再以此为基础，划定中央与地方共同事权中地方承担的支出责任，并进一步梳理明确省级政府、市级政府以及县级政府在共担支出责任中的分担比例，以转移支付制度改革推动财政事权与支出责任划分改革，形成财政体制多个环节改革联动。

二是调整转移支付规模，做实中央对地方转移支付。与西方国家不同，我国的财政事权划分是以事权要素为基础的，中央决策、地方执行的模式下必然会出现“两头小、共担多”的财政事权划分格局，完全由中央与地方政府独立承担的事权相对较少，更多的是中央与地方的共同事权，需要双方共同承担支出责任。这就需要在划定中央与地方、地方各级政府之间的分担比例后，将相应支出归入本级支出，把中央对地方转移支付做实。从结构上看，中央对地方转移支付保持现有格局，仍包含一般性转移支付和专项转移支付两大类。一般性转移支付解决均衡性收支缺口问题，其瞄准对象是辖区公共服务的供给能力差异。专项转移支付只是聚焦资本性项目支出，属“一事一议”性质，不与人的因素和基本公共服务挂钩。

第五章　行为主义视角下的政府预算

政府预算的目标确立和分解过程即为各个预算行为主体之间的行为博弈过程。在每一层次预算目标分解中，行为参与者分别扮演委托人和代理人的角色，行为参与者之间目标函数的差异及信息不对称则成为预算行为博弈的基本动因。在信息的搜寻和利用过程中，上报和下达预算目标的双方不仅要考虑环境所带来的不确定性因素，而且要考虑对方的预期和决策，而预算目标的最终确定是行为参与者讨价还价和利益相互协调的结果，预算行为博弈的结果就是能够达成一种各行为方都可以接受的某种结果，即达成一种均衡。作为防范共同体公共风险的制度选择，预算应以公共风险最小化为原则，在资金、资产和资源等公共资源的配置中发挥决定性作用，形成激励相容约束，减少不同行为主体间的利益冲突，提高预算行为遵从，实现行为“共赢”格局。

第一节　行为主义视角下政府预算的理论分析

一、政府预算的行为主体及基本要素

以政府部门为界，预算行为参与者可分为内部和外部两个层级。从外部看，政府预算主要存在三种委托代理关系，即公众与立法机构、立法机构与政府部门、政府部门与消费者及其供应商之间的委托代理契约关系。从内部看，政府预算也存在三种委托代理关系，即上级政府与下级政府、政府部门与支出部门、政府部门与政府官员之间的委托代理契约关系。在各个层级的委托代理链条中，除了初始委托人公众、最终代理人消费者和下级预算单位之外，其他预算参与者都有着双重身份，既是委托人的代理人，又是代理人的委托人。在每个层级的委托代理契约中，都存在因内部信息或外部信息不对称而导致的逆向选择或道德风险行为问题，从而影响政府预算资源配置效率。委托代理链条越长，对初始委托人的目标偏差越大。

政府预算的目标确立和分解过程即各个预算行为主体之间的博弈过程。这种博弈贯穿于政府关系的各个层级，这是由参与各方的制度性身份或地位所决定的。在每一层次预算目标分解中，参与者分别扮演委托人和代理人的角色，委托人与代理人之间目标函数的差异及信息不对称则成为预算博弈的基本动因。在预算目标分解过程中，委托人和代理人双方所掌握的信息是不平衡的，在信息的搜寻和利用过程中，上报和下达预算目标的双方不仅要考虑环境带来的不确定性因素，而且要考虑对方的预期和决策，而预算目标的最终确定是委托方与代理方讨价还价和利益相互协调的结果，从预算目标的各自提出到最终确定，这一过程即表现为预算博弈。预算博弈的结果就是能够达成一种行为各方都可以接受的某种结果，即达成一种均衡。

（一）政府预算的行为主体

政府预算涉及众多的行为参与主体，他们之间经常有相互冲突的动机和目标。在正常情况下，立法机构、政府部门、各主管部门都会卷入预算决策过程，利益集团和一般公众也或多或少在预算中发挥直接或间接的作用。当各行为主体在预算决策中发挥作用时，不同的主体期望达到的目标和行为方式是不同的。

一是社会公众。社会公众既是为政府提供预算资源的纳税人，又是政府公共服务的“顾客”，在政府预算委托代理的契约链条中扮演着初始委托人和最终消费者的双重角色。

二是立法机构。立法机构是政府预算决策过程中最重要的参与者之一。这里的立法机构主要是指由宪法和其他相关法律授予其财政审批与监督权的决策与权力机构，在预算决策中扮演着审批、监督和控制的角色。

三是政府部门。政府部门包括政府首脑及其预算机构。预算机构主要是指政府行政序列中的预算部门。预算部门被认为是公众钱包的保护者，其主要职责是审查和主管部门的预算申请，协调资金分配，并且一旦发现浪费或其他不合理现象就取消或削减相关预算。

四是支出部门。支出部门是管理政府项目并提供最初预算的机构，在预算决策过程中常处于请求和辩护的境地。

（二）预算行为主体的基本要素

政府预算的目标确立和分解过程即各个预算参与者之间的博弈过程。这种博弈表现在预算目标分解和确立的每个层次上，贯穿于政府科层关系的各个层级，这是由参与各方的制度性身份或地位所决定的。在每一层次预算目标分解与接触中，参与者分别扮演委托人和代理人的角色。委托与代理人之间目标函数的差异及信息不对称则成为预算博弈的基本动因。在预算目标的分解过程中，委托和代理人双方所掌握的信息是不平衡的，在效用最大化因素的驱使下，有信息优势的一方（通常为代理方）会利用有利信息为自己牟利，处于信息劣势的一方（通常为委托方）则会采取各种手段获取更多的信息，以便做出科学合理的预算决策。在信息的搜寻和利用过程中，上报和下达预算目标的双方不仅要考虑环境带来的不确定性因素，而且要考虑对方的预期和决策，而预算目标的最终确定是委托方与代理方讨价还价和利益相互协调的结果，从预算目标的各自提出到最终确定，这一过程即表现为预算博弈。

预算博弈是一种不完全信息下的动态博弈，基本的组成要素如下。

一是参与人：预算目标分解和下达者（委托人）、预算目标的上报与接纳者（代理人）。

二是信息：预算博弈处于非对称信息环境，一般而言，代理人拥有更多的行为因素和环境信息，因而能更准确地预知经过努力后可达到的预算执行结果，但代理人不能完全掌握委托人的预期。

三是行为：代理人利用私有信息高估投入，低估产出预算，以取得增量渐进的“棘轮效应”，并在与委托人讨价还价过程中了解委托人期望信息。委托人采取多种手段寻求信息，以减少信息不对称，利用权力强制分解预算，维护自身利益，并在与代理人的讨价还价中套取私有信息。

四是均衡：委托代理双方均根据各自所掌握的全部信息分解或上报预算目标，参与双方均没有积极性隐瞒私有信息，这是预算博弈追求的目标。

二、构建行为风险治理分析框架

预算是现代财政制度的核心，是财政职能发挥的重要基础，但现阶段预算理念予以预算实践并不能很好地匹配预算的职能定位，其核心原因在于政府预算缺乏对社会的回应，也缺乏对公共风险的策应。因此，有必要从行为主义的视角，以公共风险对预算理念进行系统性重构，形成“风险—预算”分析框架，并以风险分配的逻

辑进行公共资源的安排，最大限度地避免风险盲区，为可持续发展构建确定性。

（一）预算是财政职能实现的核心要义

预算是国家根据特定时期的方针政策及有关法律、法规，依法对预算资金的筹集、分配、使用进行合理安排、有效配置、优化管理而开展的组织、指挥、控制、协调和监督等一系列活动的总称，是现代财政制度的核心组成部分，也是政府经济实施宏观调控的重要手段。在整个预算过程中，包括预算编制、执行和决算形成都要依据国家的法律法规和方针政策对其加强组织、协调和监督，严肃财经纪律，以保证预算收支任务的完成，提高预算资金运行效率。

预算形式上是财政收支计划，本质上是一种财政宏观治理手段。财政资金通过预算集中和分配，使预算收支规模、结构和增长速度能够反映国民经济和社会发展的要求。通过对预算收支及其平衡状况进行调整，能够直接影响社会总供求的平衡。政府预算宏观管理对整个财政收支乃至国民经济从宏观上进行调节和控制，保证财政收支运行的顺利进行。因此，政府预算管理是财政进行宏观调控的基本形式，是财政管理的核心部分。

从当前的预算管理制度来看，还有一些不科学、不合理之处，限制了预算功能和作用的发挥。预算信息公开、透明，是财政的人民性的一个重要体现，也是人民参与预算管理和监督的前提。我国预算信息公开、透明程度不够，并且人民参与预算决策、管理和监督的机制不健全，使财政的人民性体现不足。预算权力配置不合理，削弱了预算控制力。从预算权力配置的大框架来看，我国对预算各个环节相关部门的权限做了明确的划分，但在实际权力行使中，由于预算权力的分散、不统一，财政部门与其他准预算机构及各个支出部门之间的权力关系不规范，造成预算权力碎片化。其中尤为重要的一点是财政投资权的不统一。基本建设、科技费用等支出权分散于各部门，虽然有利于提高财政支出或具有投资的灵活性，但也造成各部门各自为政的现象，破坏了预算的完整性和统一性，削弱了预算控制力，不利于提高财政资金的使用效率。

（二）预算行为应以治理风险为导向

党的十九大在准确判断社会主要矛盾变化的同时，也更加强调“风险”，指出要有效抵御重大风险，更加自觉地防范各种风险，坚决打好防范化解重大风险的攻坚战；要求各级政府和党员干部要增强驾驭风险的本领，这是风险导向下对进一步推动改革的根本要求。在预算领域，“凡事预则立，不预则废”，预算核心在于预先的规划和未雨绸缪，因而要编制面向未来的规划和预算。所以，新时代预算的核心理念就是风险导向，也就是基于风险来观察、分析、判断，并形成以风险为导向的预算理念。

在风险社会背景下，公共风险水平全面升高，同时经济、社会等各领域构成一个有机整体，关联性越来越强，各领域公共风险之间的相对隔离状态已经不复存在。预算制度安排必须在全面考虑经济、社会等各领域公共风险的情况下，为风险社会注入确定性。因此，预算资金安排需要从经济效率的单一视角转变为公共风险这一多元化视角。预算资金安排、调整及有效性评估的依据，需要从传统的经济逻辑转变为公共风险逻辑，将公共风险最小化作为预算资金安排的理论目标。

依据公共风险逻辑设计的预算制度，注重从整体上防范化解公共风险：不仅关注短期经济风险，而且注重防范化解中长期经济风险；不仅关注经济领域的公共风险，而且注重防范化解社会、生态

环境等领域的公共风险，同时着力避免因实施财政政策而引致新的风险。当前，中国经济、社会、生态环境、金融领域面临的公共风险最为突出。相应地，以风险社会为基点防范化解发展风险，就要求预算安排时全面系统地考虑这些领域的公共风险，将防范化解经济下行风险、新冠肺炎疫情扩散风险、新贸易保护主义风险、“养老难”风险、贫富差距过大风险、生态环境风险、金融风险、财政风险统一于预算资金安排之中，如此方能保障积极财政政策有效实施，实现公共风险最小化。

综上所述，预算行为就是要以治理风险为导向。以整体性、系统性、长期性为特点，形成“行为—风险—预算”分析框架，并以风险分配的逻辑指导预算资金安排，就能够最大限度地避免产生风险盲区，为可持续发展构建确定性。

（三）以行为风险逻辑进行预算制度设计是国家治理的重要内容

国家治理的本质是基于集体行为的公共风险治理，而财政是防范和化解公共风险的制度安排。因此，以风险分配的逻辑进行预算制度安排也即国家治理的重要内容，也是国家长治久安的重要保障。

在国家治理视域下，现代社会政府或国家具有双重主体身份，既是一个经济主体，也是一个公共主体。作为经济主体，政府与企业、个人等经济主体在法律上处于平等的地位，拥有相应的权利与义务。政府拥有自己的人力与财产，也有自己的责任，要受到私法约束与调节，其与企业或个人签订的合同就受私法保护。如果政府侵害了其他经济主体的权益，政府要做出赔偿。此外，政府还是一个公共主体，拥有公共主体的权利，也要承担相应的公共责任。这些权利与义务不仅包括法定的，而且包括法律没有规定或认定的，即推定的责任和义务。

政府的双重身份是对政府的一种双重约束。一方面，政府是公共权力的拥有者和执行者，为约束政府不侵害其他经济主体的权益，就必须在法律上给政府设定一种身份，即规定政府“怎么做”，把它视为一个普通的经济主体与法律主体。另一方面，为解决政府的不作为问题，还必须从法律上给政府另一种身份，让政府去承担社会其他经济主体所无法承担的公共风险，以公共主体的身份承担“兜底”的作用。政府凭借其经济主体的身份，是以经济理性来面对所有的风险，严格维护公共产权的经济利益，承担作为经济主体的风险；作为公共主体，政府必须从平等、公平、正义等原则出发，以“公共理性”来面对所有的风险。

理论上讲，只要风险能够界定其责任主体，就能够有效地应对。但是，现实中具有公共性的风险难以界定其责任主体，政府作为公共产品与服务的提供者，对公共风险具有法律上与道义上的责任。私人风险一般由个体来承担，公共风险则由作为公共主体的政府来承担，私人风险转化为公共风险后也由政府来承担。也就是说，法律规定的公共事务中的风险是由政府承担的，但法律没有规定的，在风险责任人难以界定或风险责任人能够界定但个体无法承担的情况下，政府有着推定的“兜底”责任。自然灾害作为公共风险主要由政府来承担，但个人与企业的破产作为私人风险，在产生公共影响时，政府也有着救助的道义责任。

伴随经济社会发展不确定性的凸显，风险社会下的国家治理更多体现为对公共风险的防范和化解。在风险社会中，公共风险无处不在、无时不在，不断产生和不停转化。风险是无界的，而且呈现叠加状态。因此，国家治理的本质是公共风险治理，国家治理能力现代化是公共风险治理可行能力显著提升的表现，国家治理体系现代化也说明公共风险治理体系的日趋完善。

也应看到，由于预算权力的分散、不统一而导致的财政部门与其他准预算机构及各个支出部门之间的权力关系失衡将导致预算权力碎片化，这会使得各部门之间的协同在专业壁垒和信息不对称条件下变得越来越困难，国家治理能力和公共风险应对能力会大打折扣。可能在某一个方面对冲了风险，注入了确定性，使局部确定性提高，但同时可能引致其他风险，导致国家治理的整体不确定性扩大，进而带来公共风险扩散、叠加。

因此，作为现代财政制度核心内容的预算管理，也就成为政府用以防范和化解公共风险的重要制度安排。风险预算以风险社会为基点防范化解经济下行风险，既关注短期经济增长风险，也关注其他类型的经济风险，尤其是供给侧因素带来的中长期经济发展风险，以及社会、生态环境等领域随时能够转化和叠加为国家治理风险的公共风险。也就是说，以公共风险为出发点的预算成为推进国家治理能力和治理体系现代化的重要载体。

（四）以公共风险最小化作为预算治理的根本原则

树立预算的整体观，将预算作为现代财政制度的核心，以预算来实现国家治理的现代化，就需要将公共风险最小化视为社会共同体的公共选择，这也就是现代预算应该遵循的基本理念。这就要求不仅要关注短期经济风险，还应注重防范化解中长期经济风险；不仅要关注经济领域的公共风险，还需注重防范化解社会、生态环境等领域的公共风险，同时还应避免因预算而引发新的风险，即“对冲风险的风险”。

为了实现预算对整体观下的公共风险的有效治理，需要从整体观的方法论出发去认识和评估风险。经济风险、金融风险、社会风险、生态环境风险等来自不同空间、不同地方、不同国别，它们相互影响并构成系统性风险，而不是一个个孤立的风险事件。从整体上考虑、把握风险，超出不同的领域、不同的区域，才能真正防范化解这些风险。之所以要从整体上把握，是因为风险本质上是无界的。经济风险、金融风险、社会风险、生态环境风险之间是可以转化的，不同地区和不同国家的风险都具有这些特征。从空间的角度看，一个地区和国家的风险可以传导到另一个地区和国家；从国家内部来看，一个地区的风险可以传导到另一个地区。风险本质上是无界的，因此不能将风险与特定的领域、空间挂起钩来，否则认识上就会有很大的局限性。

就当下而言，发展的不平衡、不充分，发展的质量和效益不高，生态环境问题，民生领域的短板，社会利益格局的固化等已成为新时期公共风险的主要来源。新的社会矛盾的解决要靠经济总量的增长，更要靠经济结构的优化、利益分配的均衡。预算作为公共资源配置的决定性力量，也是国家治理现代化的重要制度保障，应在加强总量调节的同时，更加关注结构与利益的调节。

总之，预算现代化要求转变预算理念，并基于整体观来认识和评估风险，如此才能真正实现预算的功能来降低公共风险，提升发展的确定性，助力国家治理现代化进程。

第二节　政府预算制度的改革实践

“概一国之法治，莫重于规范国家权力的运作，限权之关键，首当是对国家财权的掌控，而控财之要义，则在于支配国家钱包的

预算”。[①] 预算是各行为主体博弈下的公共资源的配置机制，决定政府行为的范围和政策方向。预算行为逐渐规范化的改革过程，实质上是预算的法治化过程以及预算权的构建过程。总体来说，我国的预算权构建是基于中国特色改革的实践探索：“摸着石头过河”，先有改革行为，后立法规范。改革开放40余年，预算改革，并非西方制度主义强调的先立法明确规范，后推进改革。我国的预算改革，围绕当时社会主要矛盾，在经济发展落后的背景下实现发展超越，需要经济体制转轨，利益主体、法治规则、法治意识等都缺乏基础，如果按照制度主义要求等条件具备完善立法后再推进改革，就会拉长改革进程，甚至错过机会，难以体现中国特色社会主义之优越性，不能满足中国特色社会主义建设之需要。我国尝试了一条基于行为主义的改革路线，预算改革在既有法制基础和社会经济条件下，先突破条条框框的约束，实行创新试点，积累经验并推广开来，再总结实践经验、上升为法律，以保障改革的效果和奠定后续改革的基础。

一、从各地自求平衡到“三乱”行为整顿

（一）各地自求预算平衡出台收费政策

改革开放之初，随着统收统支财政体制的打破和放权让利措施的实施，特别是1984年“利改税”，中央财政收支明显失衡。在这种情况下，为缓解中央财政收入紧张的局面，保证中央财政收支平衡，提倡“中央给政策不给钱”，各地各部门自求预算平衡，并相

① 徐志雄：《现代宪法论》，元照出版股份有限公司2004年版。

应出台了一系列的收费政策，从而形成了五花八门的预算外和制度外收入。这是财政无力靠国家预算内资金来满足和维持其职能和事业之运转以及各行政事业单位最基本的需要之时，不得不采取变通措施，转而向行政事业部门提供一种特殊的制度供给来替代资金供给，使政府在制度外收入上想办法。一是增设预算外资金收入项目，以保证重点事业建设。二是允许行政事业单位创收，在预算外资金列收列支，改变完全由财政供给资金的格局。1980 年起，财政对行政事业单位实行“预算包干”，《中共中央、国务院关于节约非生产性开支、反对浪费的通知》规定，“一切有条件组织收入的事业单位，都要积极挖掘潜力，从扩大服务项目中合理地组织收入，以解决经费不足的问题”。[①] 1989 年财政部颁布的《关于事业单位财务管理的若干规定》[②] 进一步明确，对事业单位实行全额拨款、差额拨款、自收自支三种形式的财务管理，从而进一步让行政事业单位走上“创收”之路。

这些由各地各部门自求预算平衡而形成的收入，或来自政府部门，或来自事业单位，或来自社会团体的各类收费，并由他们直接支配，不受财政预算约束。这些收入用途广泛，不仅用于经济建设，而且用于事业发展、社会保障，还形成了改善公职人员生活、发放津贴福利的“小金库”。这些不受预算约束的收入的筹措机制，并没有明确的制度依据和法规规范，很多情况下都出自部门或地方政府的权益性、变通性和应急性安排，很容易滋生“三乱”。

收费越位、膨胀产生的原因有以下几个方面。第一，20 世纪 80 年代以后，我国政府系统在处理诸多历史欠账及启动体制改革的经

① 中共中央、国务院：《中共中央、国务院关于节约非生产性开支、反对浪费的通知》，1980 年 1 月 24 日，见 https://www.lawxp.com/statute/s1044946.html。

② 财政部：《关于事业单位财务管理的若干规定》，1989 年 1 月 26 日，见 https://baike.sogou.com/v142629924.htm。

济现代化宏大工程时所面临的巨额资金需求，不可能通过预算内投资的骤然扩张来满足，这必然迫使各级政府走多渠道筹资道路。第二，分权式的改革激活了原先受压抑的部门、地方局部利益和事权财权化意识，在事权扩张的同时，提供了通过预算外筹资扩张财政的动力和机会。第三，原体制下政府间财力分配的不规范，造成政府各级次各系统的彼此猜疑戒备，促成地方、部门尽可能扩大不纳入体制分配的资金。第四，通过非规范手段筹措预算外、制度外资金增长乏力，也促使各级政府、各部门、各权力环节，在本位利益驱动下通过尽可能的扩张提供可供他们掌握支配的非规范财力，来寻求自身福利的最大化。

客观地说，中央在放权、分权的过程中不可能把握得那么精准，探索的过程充满了不确定性，也有风险。在财政困难时期，中央给政策不给钱，各地各部门自求预算平衡，在当时的历史条件下出台一些收费政策措施对于解决财政收入困难确实起到了一定的积极作用，但随着时间的推移，收费和项目的规模越来越庞大，而且征收的费用也越来越多，收费增长过快过乱，出现了税费倒挂、税收缺位、收费越位的现象，带来一系列经济和社会问题。

第一，政出多门的各种收费使大量政府收入游离于预算之外，侵蚀税基，弱化了税收在调节收入分配和促进经济持续稳定发展中的作用。第二，政府部门收入机制不规范，各种乱收费的蔓延造成收入分配渠道混乱，加大公众负担。第三，各种收费资金不实行规范化财政管理，既不纳入预算，也不上缴财政专户，成为“制度外资金”和“小金库”①，使这部分财政性资金失去必要的监督和控

① 根据《中共中央办公厅 国务院办公厅印发〈关于深入开展“小金库”治理工作的意见〉的通知》《中央纪委、监察部、财政部、审计署、国务院国资委印发〈国有及国有控股单位“小金库”专项治理实施办法〉的通知》规定，“小金库”是指：违反法律法规及其他有关规定，应列入而未列入符合规定的单位账簿的各项资金（含有价证券）及其形成的资产。

制，弱化了地方政府预算约束，极易引发政府部门不规范行为，也极易滋生腐败。

（二）“三乱”行为整顿

1990年，党中央、国务院发布《关于坚决制止乱收费、乱罚款和各种摊派的决定》[①]，在全国范围内开展了治理“三乱”工作。1993年，针对一些地方和部门利用职权和垄断地位乱收费的问题，中共中央办公厅、国务院办公厅转发了财政部《关于治理乱收费的规定》[②]，在全国再次开展治理乱收费工作，取消了一批不合法、不合理的收费项目。与此同时，国务院还责成教育、交通、农业等部门分别开展治理中小学乱收费、公路乱收费乱罚款和减轻农民负担工作。

从1995年起，国家对乱收费情况进行了清查摸底和整顿工作。1996年，党中央、国务院发布《关于切实做好减轻农民负担工作的决定》[③]，规定了清理农村“三乱”、减轻农民负担的一系列政策。1997年，为了加快国有企业改革步伐，为企业发展创造一个良好的外部经营环境，党中央、国务院发布《关于治理向企业乱收费、乱罚款和各种摊派等问题的决定》[④]，要求坚决取消不符合规定的，面向企业的行政事业性收费、罚款、集资、基金项目和各种摊派，并规定今后所有新增面向企业的行政事业性收费项目和标准，必须按

① 中共中央、国务院：《关于坚决制止乱收费、乱罚款和各种摊派的决定》，1990年9月16日，见http：//www.people.com.cn/item/flfgk/gwyfg/1990/112901199042.html。

② 财政部：《关于治理乱收费的规定》，1993年10月9日，见http：//www.110.com/fagui/law_100.html。

③ 中共中央、国务院：《关于切实做好减轻农民负担工作的决定》，1996年12月30日，见http：//www.chinalawedu.com/falvfagui/fg22016/12305.shtml。

④ 中共中央、国务院：《关于治理向企业乱收费、乱罚款和各种摊派等问题的决定》，1997年7月7日，见http：//www.law-lib.com/law/law_view.asp？id=104429。

隶属关系分别报财政部、国家计委或省级人民政府审批，重要的报国务院审批，各省级人民政府审批的收费项目和收费标准，要分别征得财政部和国家计委同意。

二、预算外资金行为的逐步规范

预算外资金，是根据国家财政制度和财务制度的规定，不纳入国家预算，由地方各部门、各企事业单位自收自支的资金。预算外资金，从产生到取消，是一个预算权约束的过程，也是对财政行为规范的过程。

（一）预算外资金规模不断扩大

预算外资金在新中国成立之初就存在，但规模一直不大。在财政体制统收统支大背景下，预算外资金调动了地方、部门、企事业单位的积极性。改革开放之后，以放权让利为特征的财税改革直接导致预算外资金规模的扩大。20 世纪 80 年代初期，全国只有少量收费项目，如农业税附加、养路费、中小学杂费，年收费额约 100 亿元。1980 年，《中共中央、国务院关于节约非生产性开支、反对浪费的通知》打破了事业单位开支由财政包起来的传统模式，为减轻财政负担、增加事业发展资金开辟了一条新渠道，但也使行政事业单位收费大大增加，主要有：养路费、隧道车辆通行费、港口费、环境保护费、排污费，以及名目繁多的管理费、注册登记费、审批费、检验费、防疫费、教育附加费等。

1980 年 6 月至 1981 年 2 月，财政部和国家经委先后发布征收国营工交企业固定资产、国拨流动资产有偿占用费的暂行办法和补充规定。1982 年 12 月，国务院颁布征集国家能源交通重点建设基金的通知和办法，规定国营企事业单位、机关团体、部队和地方政府的预算外资金，以及城镇集体企业缴纳所得税后的利润，按10%征收。1983年6月，中央工作会议把征收比例提高到15%，把征收范围扩大到城镇小集体企业和农村社队企业（征收比例为10%）。1989年2月，国务院颁布《国家预算调节基金征集办法》，规定的征集范围与能源交通建设基金相同，征集比例为10%。1993年6月，国务院开始筹集三峡工程建设基金。

与此同时，随着农村家庭联产承包责任制的实行和人民公社的逐步解体，为了满足县乡政府履行职能需要，满足农村公共服务需求，农村收费也日益增加，收费方式主要有村提留、乡统筹、摊派、派购、罚款等。尽管中央三令五申要减轻农民负担，但农民的负担却与日俱增，有的地方对农民的收费达100多种，仅与婚姻登记有关的收费就有10多种。

1983年2月28日，财政部印发《预算外资金管理试行办法》[①]要求加强预算外资金管理，搞好财政信贷综合平衡，提高经济效益。根据《预算外资金管理试行办法》，预算外资金是指地方财政部门管理的各项附加收入和集中的各项资金；地方和事业单位管理的不纳入预算的资金；国营企业及其主管部门管理的各种专项资金；地方和中央主管部门所属的不纳入预算的企业收入。财政部要求，对未经国务院、财政部批准、由各地自行设定的预算外资金项目进行一次性清理整顿，同时加强预算外资金收支计划管理，管好用好预算外资金，特别是控制预算外资金用于基本建设。

在这一时期，虽然国家加强了管理，预算外资金规模还是以较快的速度扩大。预算外资金在促进经济和社会发展的同时，也

① 财政部：《预算外资金管理试行办法》，1983年2月28日，见https://baike.sogou.com/v167818426.htm。

存在一些问题，如化预算内收入为预算外收入，又如用预算外资金乱上计划外项目，扩大固定资产投资规模，影响调控，再如未按规定用途使用资金，挪用生产发展基金发放奖金、实物和搞福利等。

1986 年，国务院发出《关于加强预算外资金管理的通知》（国发〔1986〕44 号）[①]，要求切实加强预算外资金管理，搞好社会财力综合平衡，更好地发挥预算外资金在国民经济建设中的作用。即便这样，这一阶段的预算外资金规模的扩大仍无法避免。1992 年，预算外资金达到 3 854.92 亿元。规模庞大的预算外资金中有相当部分是国有企业和主管部门收入。1992 年，该类预算外资金收入达到 2 878.59 亿元，占全部预算外资金收入的 74.67%。[②]

（二）对预算外资金的重新界定与规范

1996 年，针对一些地方、部门和单位将财政预算资金转为预算外资金，擅自设立收费基金项目，导致国家财政收入流失，预算外资金不断膨胀，预算外资金使用脱离财政管理，私设“小金库”用于集体消费或个人消费，甚至行贿受贿，挥霍浪费等问题，国务院发布了《关于加强预算外资金管理的决定》（以下简称《规定》）[③]，首次明确了预算外资金是国家财政性资金，不是部门和单位的自有资金，必须纳入财政管理，重申了收费和基金的审批管理政策。其主要内容包括：禁止将预算资金转移到预算外；将部分预算外资金纳入财政预算管理；加强收费、基金管理；严格控制预算外资金规

① 国务院：《关于加强预算外资金管理的通知》，1986 年 4 月 13 日，见 http：//www. chinalawedu. com/falvfagui/fg22016/3849. shtml。

② 中国财政年鉴编委会：《中国财政统计年鉴 1992》，中国财政杂志社 1992 年版。

③ 国务院：《关于加强预算外资金管理的决定》，1996 年 7 月 11 日，见 http：//www. chinaacc. com/new/63/73/157/2006/2/ti574122345142260027040 – 0. htm。

模；预算外资金要上缴财政专户，实行收支两条线管理；加强预算外资金收支计划管理；严格预算外资金支出管理，严禁违反规定乱支挪用等。其中，将部分预算外资金纳入财政预算管理的规定最为引人注目。《决定》还规定地方财政部门按国家规定收取的各项税费附加，从1996年起，统一纳入地方财政预算，作为地方财政的固定收入，不再作为预算外资金管理。《决定》提出，今后要积极创造条件，将应当纳入财政预算管理的预算外资金逐步纳入财政预算管理。这说明最终取消“预算外资金”已成为改革努力的方向。据此，各地区、各部门要将财政部已经规定的83项行政性收费项目纳入财政预算。

与《决定》配套，财政部1996年颁布《预算外资金管理实施办法》[①]，重新界定了预算外资金的范围。预算外资金，是指国家机关（即国家权力机关、国家行政机关、审判机关和检察机关）、事业单位和社会团体、具有行政管理职能的企业主管部门（集团）和政府委托的其他机构为履行或代行政府职能，依据国家法律法规和具有法律效力的规章而收取、提取和安排使用的未纳入国家预算管理的各种财政性资金。因此，资金是否属于预算外资金，要看是否与为履行或代行政府职能有关。在这一阶段，预算管理以收入管理为主。这与1994年财税改革之初财政困难有着密切关系。当财政收入稳定增长之后，特别是收入结构从以企业收入为主转向以税收收入为主，提供税收收入的非国有经济所占比例越来越大的情形出现之后，对大部分预算支出简单地切块的粗放式归口管理做法就不能适应社会发展的需要。

同样在1996年，财政部印发《政府性基金预算管理办法》（财

---

① 财政部：《预算外资金管理实施办法》，1996年11月18日，见 http：//www.34law.com/lawfg/law/6/1187/print_ 463817248917.shtml。

预字〔1996〕435 号)，规范政府性基金管理。从 1996 年起，养路费、车辆购置附加费、铁路建设基金、电力建设基金、三峡工程建设基金、新菜地开发基金、公路建设基金、民航基础设施建设基金、农村教育事业附加费、邮电附加、港口建设费、市话初装基金和民航机场管理建设费 13 项数额较大的政府性基金（收费）纳入财政预算管理。

1997 年，为了加快国有企业改革步伐，为企业发展创造一个良好的外部经营环境，党中央、国务院发布《关于治理向企业乱收费、乱罚款和各种摊派等问题的决定》[①]，要求坚决取消不符合规定的，面向企业的行政事业性收费、罚款、集资、基金项目和各种摊派，要求今后所有新增面向企业的行政事业性收费项目和标准必须按隶属关系分别报财政部、国家计委或省级人民政府审批，重要的报国务院审批；各省级人民政府审批的收费项目和收费标准，要分别征得财政部和国家计委同意。

实际上，将国有企业和主管部门收入视为预算外资金，与企业改革将企业视为自主经营、自负盈亏的主体是存在矛盾的。1993 年，随着《企业财务通则》和《企业会计准则》的推行，再将国有企业和主管部门收入视为预算外资金已不合时宜。《企业财务通则》和《企业会计准则》通过之后，国有企业税后留用资金不再作为预算外资金管理。事业单位和社会团体通过市场取得的不体现政府职能的经营、服务性收入，不作为预算外资金管理，收入可不上缴财政专户，但必须依法纳税，并纳入单位财务收支计划，实行收支统一核算。事实上，从 1993 年开始，预算外资金已不包括国有企业和主管部门收入。

---

① 中共中央、国务院：《关于治理向企业乱收费、乱罚款和各种摊派等问题的决定》，1997 年 7 月 7 日，见 http：//www. law - lib. com/law/law_ view. asp？ id = 104429。

（三）预算外资金彻底取消

2010年6月，财政部印发《关于将按预算外资金管理的收入纳入预算管理的通知》（财预〔2010〕129号），规定自2011年1月1日起，中央各部门各单位的全部预算外收入纳入预算管理，收入全额上缴国库，支出通过公共财政预算或政府性基金预算安排。地方各级财政部门要按照国务院规定，自2011年1月1日起将全部预算外收支纳入预算管理。《政府收支分类科目》相应修订，取消全部预算外收支科目。至此，预算外资金进入了“历史的博物馆”，也为预算“笼子”的打造创造了条件。

2014年8月31日通过的《中华人民共和国预算法修订案》明确规定“政府的全部收入和支出都应当纳入预算”，从法律上确立了政府全口径预算的基本原则。

三、预算法治框架构建

1979年，我国预算管理制度开始恢复重建，在此之后的40余年里，政府一直致力于打造财政预算的“笼子”，即规范预算行为，打造预算的完整性。历经《预算决算暂行条例》—《国家预算管理条例》—1994年颁布的《中华人民共和国预算法》（以下简称《预算法》）—2004年修正的《预算法》（以下简称新《预算法》）—《中华人民共和国预算法实施条例》（国务院令第729号，以下简称新《预算法实施条例》）的发展过程，搭建了预算法治的基本框架，预算“笼子”从形式上已经打造出来。

（一）预算报告与批准制度的恢复

早在 1951 年，政务院就发布了《预算决算暂行条例》，对预算的基本原则、预算的编制及核定、预算的执行、决算的编造及审定等作了规定。1954 年《中华人民共和国宪法》所规定的全国人民代表大会行使的职权就包括审查和批准国家的预算和决算。受多种因素的影响，我国预算管理制度曾长期处于不正常的运行状态。直到改革开放之后的 1979 年，我国才正式恢复编制并向全国人民代表大会提交国家预算报告、由全国人民代表大会审议批准后执行的做法。1979 年 6 月 21 日，时任财政部部长张劲夫在全国人大五届二次会议上作《关于 1978 年国家决算和 1979 年国家预算草案的报告》。1980 年 8 月 30 日，时任财政部部长王丙乾在全国人大五届三次会议上作《关于 1979 年国家决算、1980 年国家预算草案和 1981 年国家概算的报告》，预算报告制度从此恢复。

为适应预算审查的需要，1983 年 3 月，第六届全国人民代表大会第一次会议决定设立全国人大财政经济委员会。这是一个在全国人大及其常委会的领导下审查预算报告和预算草案的机构。为适应审计监督的需要，中华人民共和国审计署于 1983 年 9 月 15 日正式成立。其主要职责包括：向国务院总理提出年度中央预算执行和其他财政收支情况的审计结果报告；受国务院委托向全国人大常委会提出中央预算执行和其他财政收支情况的审计工作报告、审计发现问题的纠正和处理结果报告；向国务院报告对其他事项的审计和专项审计调查情况及结果；等等。

（二）《国家预算管理条例》发布

1991 年，《预算决算暂行条例》在“暂行”了 40 年之后，已不能适应现实发展需要。为加强国家预算管理，强化国家预算的分配、调控和监督职能，促进经济和社会的稳定发展，国务院发布了《国家预算管理条例》[①]（以下简称《条例》），并于1992年1月1日起施行。《条例》覆盖各级人民政府和实行预算管理的各部门、各单位（包括国家机关、社会团体、全民所有制企业事业单位等），对国家预算管理做了全面规定。按照《条例》，国家预算实行统一领导、分级管理、权责结合的原则；国家预算应当做到收支平衡；国家设立中央、省（自治区、直辖市）、设区的市（自治州）、县（自治县、不设区的市、市辖区、旗）、乡（民族乡、镇）五级预算，且区分了中央预算和地方预算。《条例》要求：各级人民政府、各部门、各单位应在每一预算年度之前按照规定编制预算草案；国家预算按照复式预算编制，分为经常性预算和建设性预算两部分。关于各级预算收入和支出的编制，《条例》规定：各级预算收入的编制，应当坚持积极可靠、稳定增长的原则；按照规定必须列入预算的收入，不得隐瞒、虚列，不得将上年的一次性收入作为编制预算收入的依据；各级预算支出的编制，应当坚持量入为出、确保重点、统筹兼顾、留有后备的原则；在保证经常性支出合理需要的前提下，安排建设性支出；各级政府预算应按本级政府预算支出额的1%—4%设置预备费，用于解决当年预算执行中难以预料的特殊开支；各级政府预算应当设置一定数额的预算周转金。

《条例》还对地方预算草案和中央预算草案的审查和批准进行了规定。地方各级财政部门根据本级人民政府的指示和上级财政部门的部署，具体布置本级各部门和下级财政部门编制预算草案，并负责汇总编制本级总预算草案，由本级人民政府审定后，提请本级

---

① 国务院：《国家预算管理条例》，1991年10月21日，见 http://www.360doc.com/content/14/0113/16/8250588_344881777.shtml。

人民代表大会审查和批准。财政部将中央预算草案和地方预算草案汇编成国家预算草案，由国务院审定后，提请全国人民代表大会审查和批准。

总体来说，从改革开放到1994年分税制改革以前，我国财政工作重点在收入管理，预算支出权约束不强。按照《宪法》规定，预算支出权的审查和监督在全国人大，由政府执行，司法部门负责审判。但是，从改革开放到市场经济体制建立，甚至更长一些时间，财政权重构的重点在财政收入方面，主要是适应国家和企业以及中央和地方关系重构收入体系，在财政预算支出方面尚无实质性推进。改革开放初期人大常委会对政府的赋权，加上预算编制体系和细化程度制约，导致全国人民代表大会的预算审查权和监督权虚置，法律确定的财政预算执行和审计报告的定期报告制度作用有限。同时，收费赋权以后，收费标准在财政部管理，但执行中越来越部门化、地方化，导致与收费相关的资金预算管理也呈现部门化、地方化，并且收费收入不纳入预算管理，导致有的单位将预算内转到预算外，“预算权”严重被肢解。预算权在人大层面的虚置和在部门化、地方化层面的肢解并存。

（三）《预算法》出台

随着社会主义市场经济体制改革目标的提出，建立与市场经济相适应的预算管理制度成为主旋律。1994年3月22日，全国人大八届二次会议通过《中华人民共和国预算法》，决定从1995年1月1日起施行。预算立法已由行政法规上升到法律层面，加强了人大对政府预算行为的监督和制约。与此同时，《国家预算管理条例》废除。1995年11月2日，国务院第三十七次常务会议通过《预算法实施条例》（国务院令第186号），并于11月22日颁布实施。这与市场经济条件下立法机构加强预算监督的要求是一致的。

《预算法》要求各级政府预算按照复式预算编制。根据《预算法》及《预算法实施条例》，全民所有制企业（即国有企业）的预算包括在国家预算之内。《预算法》所涉及的企业界定为本级政府财政部门直接发生预算缴款、拨款关系的企业，较好地适应市场经济发展的需要。

《预算法》对全国人大及其常委会和地方各级人大及其常委会、国务院和地方各级政府、国务院财政部门和地方各级财政部门的预算管理职权进行了明确规定；对人大及其常委会包括预算的审查、批准、调整、监督等在内的预算管理职权做了分工。

《预算法》规定了预算调整的条件。只有增支或减收，破坏原批准的预算平衡或债务增加，才要进行调整。关于预算外资金管理，《预算法》仍只进行原则性规定，即各级人民政府、各部门、各单位应当加强对预算外资金的管理，但授权国务院另行规定预算外资金管理办法，且赋予各级人民代表大会监督预算外资金使用的权力。

《预算法》将预算区分为中央政府预算和地方政府预算。中央政府提交全国人大审查的不再是单一的国家预算。《预算法》还规定，各级人大可以撤销本级政府和下一级人大及其常委会关于预算、决算的不适当的决定、命令和决议，但是全国人大批准的只是中央政府的预算及其执行情况；地方各级政府的预算草案、预算执行情况的报告，由同级人大审查批准。

国家实行中央和地方分税制。这一点在 1994 年的财政体制改革中就已得到明确。《预算法》首次将分税制财政管理体制写入法律。

《预算法》有“经济宪法”之称，是规范财政行为的重要法律。

1994 年预算法及实施条例的颁布结束了我国政府预算收支活动长期无法可依的状态，对于强化预算管理、增强预算透明度、加强预算管理监督、实现政府预算管理法制化具有奠基作用。预算权的管理，从 20 世纪 90 年代末开始的治理“三乱”，到清理整顿公共收费，再到收支两条线管理，已经涉及预算权问题，通过对公共收费从专户管理到收支两条线（1996 年始）再到全部纳入预算管理（2010 年），预算内容形式上实现了统一。1998 年开始，财政权管理由收入管理转向支出管理。财政预算管理进行了一系列改革，包括部门预算、政府收支分类改革等的预算编制改革，国库集中收付、政府采购等预算执行改革，强化财政监督、绩效评价等系列的财政监督改革，为完善财政预算权奠定了基础，为人大强化预算审查监督和发挥审计、社会监督作用奠定了技术条件。其间，部门预算改革实现了一个部门一本预算，反映部门财政预算资源的全貌，便于人大审查和监督。从 2008 年的政府信息公开条例，到 2009 年的政府预算公开并不断扩大，到 2012 年的“三公”经费的公开，预算公开透明程度提升，为财政权的合理配置创造了条件，通过财政和审计定期报告制度，以及公开发挥社会监督的作用，不断强化财政预算支出权的约束和监督。

（四）新《预算法》修订并实施

《预算法》自 1995 年实施后，对于规范预算行为、推进依法理财、加强国家宏观调控、促进经济社会发展发挥了重要作用。但是，随着我国社会主义市场经济体制和公共财政体制的逐步建立，1994 年《预算法》已不能完全适应形势发展的要求。2004 年《预算法》纳入第十一届全国人大修法规划，历时十年、跨越三届人大、历经四次审议，于 2014 年 8 月 31 日终获第十二届全国人民代表大会常务委员会第十次会议审议通过。新修订的《预算法》（以下简称新《预算法》）自2015年1月1日起实施。其中，2012年7月6日，预算法修正案草案二审稿在全国人大常委会二审一周后，在网上公开征求意见。历时一个月，二审稿草案征求33万多条意见，获得意见数远超此前的“冠军”——《个人所得税法修正案（草案）》，仅次于同期征求意见的《劳动合同法修正案（草案）》。对预算法律的社会关注度之高，也是前所未有。

新《预算法》与原法相比，由七十九条修改为一百零一条，体现出许多创新性的亮点，总体可以概括出以下变化：

一是明确预算法的本质。新《预算法》将原法“强化预算分配好监督职能”修改为“规范政府收支行为，强化预算约束”，将“健全国家对预算的管理”修改为“加强对预算的管理和监督”，从过去的政府管理法转变为规范政府法、管理政府法，从过去“帮助政府管钱袋子”转变为“规范政府钱袋子”，政府从管理监督的主体同时也转变为被管理、被监督的对象。这是一个值得肯定的重大变化。

二是首次明确政府全部收支纳入预算，完善全口径预决算体系。《预算法》实施以来，预算改革不断深化，预算外资金已经取消，所以新《预算法》明确规定“政府的全部收入和支出都应当纳入预算”（第四条第二款），“各级政府、各部门、各单位应当按照本法规定，将所有政府收入全部列入预算、不得隐瞒、少列”（第三十六条第二款）；支出也要涵盖政府的所有活动，“各级政府、各部门、各单位的支出必须以经批准的预算为依据，未列入预算的不得支出”（第十三条第二款），这实际上确立了政府全口径预算的基本原则。

三是改进预算控制方式，建立跨年度预算平衡机制。1994年

《预算法》规定预算审查的重点是收支平衡，同时要求预算收入征收部门完成上缴任务。新《预算法》将审核预算重点由平衡状态向支出预算和政策拓展，收入预算从约束性向预期性转变。同时强调“各级政府应当建立跨年度预算平衡机制”（第十二条）。

四是透明预算首次入法，从源头上防治腐败。新《预算法》将预决算公开首次写入法律，从公开内容、时间和主体方面做出了明确规定（第十四、二十二、八十九条），形成刚性的法律约束，是修改的重要进步，有利于确保人民群众的知情权、参与权和监督权，从源头上预防和治理腐败。

五是规范地方政府债务管理，严控债务风险。多年来，1994 年《预算法》规定不列赤字，地方政府出于发展需要多方融资，形成了较大规模的未纳入预算管理的地方政府债务，脱离人大监督，存在一定的风险隐患。新《预算法》在加强地方政府性债务管理、解决“怎么借、怎么管、怎么还”的问题上做出了明确规定（第三十四、三十五、四十八、九十四条），既坚持了从严控制地方政府债务的原则，又适应了地方经济社会发展的需要。

六是首次规定财政转移支付制度，推进基本公共服务均等化。在实际执行中，财政转移支付存在专项设置过多、资金规模偏大、配套资金压力过大、下达不及时等问题。新《预算法》对财政转移支付制度进行了比较系统的规范（第十六、三十八条），有利于优化转移支付结构，减少“跑部钱进”现象，推进基本公共服务均等化。

七是勤俭节约入法，硬化预算支出约束。新《预算法》删除原法“厉行节约”“勤俭建国”的规定，统一为“勤俭节约”原则，并在预算编制、执行、监督及调整环节做出明确规定（第三十七、五十七、六十七、六十八、六十九、七十、九十四条）。这些规定为硬化预算约束、规范预算调整提供了法律保障。

八是首次较系统地细化审查重点，完善预算审查监督制度。新《预算法》在预决算草案细化、预决算批复、预决算及预算调整草案初步审查、预决算审查重点等诸多方面进行完善（第四十四、四十五、四十六、四十八、四十九、五十二、六十九、七十五、七十八、七十九、八十、八十八条），明确人大、政府、财政部门预算监督职能的同时，进一步细化了监督的内容和重点。

九是预算绩效首次入法，强化预算绩效管理。新《预算法》首次以法律形式明确了我国公共财政预算收支中的绩效管理要求，并将绩效的思维贯穿于预算编制、预算执行、决算以及预算审查的各个环节。

十是严肃财经纪律，强化违法违纪责任追究。针对原法仅就擅自变更预算、擅自支配库款、隐瞒预算收入 3 种情形设置法律责任且规定比较模糊的问题，新《预算法》重新梳理违法违纪情形，将法律责任增加到五条二十五款，加大了责任追究力度。

总之，新《预算法》秉承现代预算的理念，总结吸收了改革开放以来，特别是 1994 年分税制财政体制改革以来我国预算管理实践的经验，全面体现了党的十八大和十八届三中全会全面深化改革的精神，融入了《深化财税体制改革总体方案》① 的基本要求。新《预算法》围绕建立现代预算制度，着力推进预算治理，引领预算改革，强化预算约束，对规范政府行为，推进财税体制改革，强化权力制约与监督，促进国家治理体制和能力现代化具有重要而深远的意义。至此，预算“笼子”的打造有了法律的约束，预算的完整性从形式上得以实现。然而，预算实质上的完整与统一依然任重道远，需要在未来的改革中继续前行。

---

① 中共中央政治局：《深化财税体制改革总体方案》，2014 年 7 月 1 日，见 http：//www.360doc.com/content/14/0701/09/8783822_391143863.shtml。

（五）新《预算法实施条例》公布

2020年8月3日，李克强总理签署第729号国务院令，公布修订后的新《预算法实施条例》自2020年10月1日起施行。修订后的条例与1995年施行的条例相比，不仅条文由七十九条增至九十七条，大部分条款均为修改或新增条款，而且在内容上系统总结了条例施行25年来尤其是新《预算法》施行以来我国在深化财政预算改革方面取得的重要成果与经验探索，直面预算管理实践中迫切需要解决的重大问题，为进一步改革和完善我国预算管理体制，推动预算法的切实贯彻实施奠定了坚实的制度基础。条例的公布，对于规范政府收支行为，强化预算约束，建立健全全面规范、公开透明的预算制度具有重要意义。

1. 宏观层面：有利于提升国家治理体系和治理能力的现代化水平

推进国家治理体系和治理能力现代化是我国的重点工作之一，而国家治理能力的提升同预算能力的高低紧密相关。旧《预算法实施条例》出台于1995年，经过20余年的发展，其中一些规定的适用性有所降低。2020年出台的新《预算法实施条例》是对近年来预算管理制度改革成果的集中反映，更是对新《预算法》的完善与细化，给规范、高效的预算执行提供了具体的指引和方向。相比旧《预算法实施条例》，新《预算法实施条例》在预算收支范围方面实现了从“一本账”范围向“四本账”范围的转变，在预算编制方面留给预算编制更多的准备时间，在部门预算方面对部门预算收支范围进行细化，对超收收入使用范围进行明确等。以上规定有助于构建完善的现代预算制度，提升预算能力，进而更好地提升国家治理体系和治理能力现代化水平。

2. 中观层面：有利于地方财政可持续性的增强

财政可持续性是财政稳定运行、防范化解重大风险的重要保障，积极财政政策的实施也需要财政可持续性作为支撑。当前，我国正处于经济下行期，随着减税降费力度的不断增强和财政支出的刚性增加，加上新冠肺炎疫情的冲击，财政收支方面的矛盾更加凸显，财政可持续性成为亟待解决的问题。新《预算法实施条例》对增强地方财政可持续性具有里程式的意义。其一，提升了财政资金的使用效率。新《预算法实施条例》更加强调绩效的重要性，规定必须对预算资金开展绩效监控、评价，而评价结果将会成为预算编制的重要参考与依据，这在一定的程度上可以促进财政资金使用效率的提升。其二，能够科学地防控地方政府债务风险。新《预算法实施条例》不仅明确了各地在确定地方政府债务时应当重点考虑的因素，还规定了地方政府债务风险评估和预警的主体以及违规举债的责任，有利于更好地防范地方政府债务风险。其三，对财政支出行为进行了相应的规范。部门预算对于加强财政支出的管理意义重大，新《预算法实施条例》要求各地结合经济发展水平以及财力状况制定预算支出标准，以及对部门预算中的支出范围进行明确，有助于进一步规范财政支出行为，减少无效的财政支出。

3. 微观层面：有利于人民群众获得感的提升

依据党的十九大报告，要充实人民群众的获得感，在使人民群众获得感有保障的同时，要使人民群众的获得感可以持续。获得感无疑是人民群众最重要的主观感知，关乎人民群众对改革成果的认同和支持。相比旧《预算法实施条例》，新《预算法实施条例》中预算信息的公开和转移支付的定期评估、退出机制有利于更好地提升人民群众的获得感。就预算信息公开而言，由于对一般性转移支付和专项转移支付的公开都给出了明确的细化规定，同时也对部门

和其所属单位的预决算信息公开做出了细化的规定，这有利于更好地提升财政透明度。财政透明度不断提升，一方面可以确保人民群众的知情权得到维护，从而提升其获得感；另一方面，财政透明可以提高财政支出效率、减少腐败的发生，而这也有利于更好地提升人民群众的获得感。就转移支付而言，既有对一般性转移支付范围的明确，更有构建专项转移支付定期评估和退出机制的要求，这些规定都有利于构建规范的一般性与专项转移支付。规范的一般性与专项转移支付能缓解财政支出的扭曲，提高公共服务支出效率，进而提升居民的获得感。

四、政府预算改革实践中存在的问题

（一）预算权责配置与国家治理现代化的要求不完全匹配

预算权责包括预算的编制、审查、批准、执行、调整与监督权力与责任，纵向在中央与地方政府间划分，横向在立法机构与政府各部门间划分。改革开放以来，经过多轮改革，我国已初步形成与社会主义市场经济体制相适应的预算权责配置体系，但与国家治理现代化“系统完备、科学规范、运行有效的制度体系”的要求仍有差距。

1. 行政权责与预算权责划分有待进一步理顺

《预算法》对各级人大、政府的预算权责做出了明确规定，主要是：各级人民代表大会审查、批准本级预算及执行情况报告，各级人民代表大会常委会监督本级总预算执行，审查和批准预算调整方案及决算；县级以上各级政府财政部门编制本级预算、决算草案，组织总预算执行；各部门编制本部门预算、决算草案，组织和监督本部门预算执行。现实操作中，人民代表大会主要对政府的总预算进行审批与监督，权责偏重宏观层面，中观、微观层面的权责主要集中于政府及其各部门，行政与预算权责一体充分体现了“以政领财”的原则。政府财政部门主要通过总量平衡与控制的方式履行中观层面的预算权责，微观层面的预算权责则下沉至各部门。在一定程度上，预算权责附属于行政权责，“以财辅政”功能有待进一步发挥。

2. 预算部门资金分配权限有待进一步规范

预算编制、审查、批准、执行、调整与监督等权责主要围绕公共资金的运用，而资金的分配是运用的起点，很大程度上决定了资金运用效果。基于现实中的预算权责配置，微观层面的资金分配在一定程度上是由预算部门决定的。自上而下的管理职权与自下而上的分配职责交叉，使预算审批与监督多侧重于过程与总量，资金分配与运用的结构与结果则多取决于部门。预算部门作为公共服务的提供者，不可避免地也存在部门本身的利益，这种利益反映到资金分配与运用中，虽是以满足公共需要为目标，但也容易受部门利益的制约。实际上，预算部门行使了本部门或本系统的“预算”权责，预算部门内部的预算管理机构往往成为“财政职能”的延伸。

（二）预算管理条块分割导致财政资源统筹力度不足

条块分割是计划经济条件下的经济社会管理的地区与行业分割。随着我国社会主义市场经济体制的不断完善和全国统一市场的逐步形成，这种条块分割逐步被打破。但由于部分领域改革仍不彻底，这种计划经济的遗留问题依然存在，特别是在行政权责配置方面，按照条块思维设置机构、配置职能的情况依然不少。由于行政

权责是按条块配置的，其所支配的预算管理权责必然也会受到影响，呈现条块特征。

1. 财政体制不健全制约了财政资源的纵向统筹

我国有五级财政，纵向财政资源统筹的前提是权责清晰。权责不清的情况下，由谁统筹、统筹什么、怎么统筹都存在不确定性。理论上看，我国中央政府主要提供受益对象为全国的国防、外交、区域均衡等公共服务；省级履行辖区财政责任，根据公共服务需求与财力水平统筹辖区财政资源；市级侧重提供经济性公共服务；县级侧重民生性公共服务。从现实看，省、市、县三级功能存在重叠，均基于属地职责提供经济性与民生性公共服务，导致省级辖区财政责任履行不足，县级既要保民生，又要谋发展，负担较为沉重。大部分基本公共服务作为共同财政事权，多由中央、省、市、县各级分摊，但主责下沉县级，对县来说中央、省、市三级均有转移支付来源。央地特别是省以下财政事权与支出责任不完全清晰，导致省级辖区财政资源统筹力度有限，市级辖区财政资源统筹则强区弱县，在当前财政紧平衡状态下呈现中央过“紧日子”，省、市过“苦日子”，县级“日子过不下去”的局面。各级政府日子都不好过，财政资金的固化分配、“跑冒滴漏”却依然存在。

2. 预算部门的预算权责不规范影响了财政资源的横向统筹

预算部门具备在总量平衡与控制之下的资金分配权责，成为本领域或本行业预算管理职责的延伸，一定程度上分解了财政部门的预算管理职责。在部门利益难以打破的情况下，财政资源的横向统筹便相当困难。所谓“统筹”，意为“通盘筹划”，如果政府各部门均存在一定程度的预算管理职能，职能分割情况下，作为职能表现的资金与资源统筹也难以完全实现；微观层面主体步调不一，中观、宏观层面的统筹必然困难重重。

3. 预算部门内部的条块分割阻碍了内部资源统筹

行政权责的条块化不仅体现在政府各部门权责配置方面，还存在于部门内部的机构设置过程中。比如，政府部门一般按照职责条线，即按照“三定方案”中的职责有针对性地设置内部机构，但一些专业性较强、离市场较近的部门，可能按专业分工与市场领域设置机构更优。政府层面的预算资金分配是条块固化的，而部门内部的条块化分工也使其内部的资金分配呈现条块化特征，即一项职责对应一个机构，同时对应一个或若干预算项目，且机构之间、预算项目之间的有机联系不够紧密。例如：某预算部门有 10 项重要职能，就设有 10 个内设机构，同时对应 10 个预算项目；特定内设机构内再分设机构，则预算项目需再进一步拆分；每个机构都有职责，都要干事，都需要财政资金匹配，部门在分配资金时就需要兼顾各机构的情况。可以说，部门内部的预算资金分配成了政府总预算在各部门间分配方式的“映射”。

（三）预算绩效管理的整体性与系统性有待进一步提升

近年来，通过试点、扩面与全面实施，我国预算绩效管理体系基本完善，基本形成了覆盖所有政府层级、包括四本预算、涉及预算管理所有环节的绩效管理机制。但是，预算绩效管理体系与其他管理体系的衔接性、预算绩效管理各环节的系统性、管理对象的集成性等仍有待提升，预算绩效管理工作本身的提质增效任重道远。

1. 绩效管理未有效嵌入预算管理

预算绩效管理不是把预算管理和绩效管理分开，而是天然地融合在一起，绩效管理应是预算管理的“本能”反映，是在预算管理过程中把绩效管理要求纳入，同步进行、一体开展，而不是在预算管理的线条上再增加绩效管理的线条，把一个事分成两个事做。在制度制定、流程设计和实际操作中，目前预算管理和绩效管理在一定程度上还是各干各的，如：预算编制阶段，事前绩效评估、预算评审和绩效审核各有制度规定，各有职能机构或人员，导致三次投入实际上做的是同一件事。

2. 管理成本高且缺乏系统性集成性

当前，预算绩效管理以“项目支出”为主，中央部门及地方政府部门已实现项目支出预算绩效管理的全覆盖，部门（单位）整体支出绩效管理试点推进难度较大，基本支出绩效管理尚未开展。但是，项目支出较为庞杂，据不完全统计，仅中央部门一级项目就1 400多个，二级项目140 000多个，部分单位内部又根据内设机构职责分设三级项目。针对每个项目开展事前绩效评估、绩效运行监控、绩效评价等，工作量极其庞大。选择资金规模较大的项目开展深入的绩效评价尚可，个别资金规模较小的项目开展绩效评价，可能评价成本都会高于项目资金本身，特别是县级财政，资金规模在20万元以下的支出项目很多，分项目开展绩效管理成本极高。此外，单个项目绩效的加总不一定代表整体的绩效更优，单个项目支出绩效主要考虑的是本项目个体的效果，并不能从整体上考虑财政支出的边际效益问题，如：某单位A项目支出绩效较好，但是否挤出了其他更优项目的支出无法判断。

（四）预算约束力度有待进一步强化

随着预算管理改革不断深入，我国预算管理约束政策体系不断完善，形成了以《预算法》为核心的预算约束法律体系，以人大监督、审计监督、财政监督等组成的预算约束制度体系，中期财政规划为框架的计划约束体系，以政领财及行政事业单位内部控制等行政约束机制。预算约束基本覆盖了预算管理的全过程及每个环节，但在约束力度方面仍有待进一步优化和强化。

1. 预算约束政策体系执行力与协调性有待进一步提升

一是《预算法》及其实施条例执行主体和分工有待进一步明晰，执法主体的职责、专业性与常态化执法机制有待进一步明确，部分预算单位，特别是基层预算单位，对《预算法》的内容和约束性仍存在不全面的理解。二是中期财政规划与经济社会发展中长期规划的衔接性有待进一步提升，“钱”与“事”的规划尚存在不匹配性。三是预算约束政策与制度之间的协调性与各监督主体之间的分工有待进一步厘清。

2. 预算决策的约束有待进一步优化

现行预算约束政策体系下，过程与事后的约束机制日益健全，预算执行、调整与决算环节越来越规范，但制约预算决策科学性的一些根本性因素仍未破除。虽在预算编制阶段引入了事前绩效评估、预算评审、绩效目标审核、可行性研究等程序性规定，但受制于实施成本、专业性要求、预算编制周期等因素，还难以全面深入。

3. 与预算约束机制相匹配的激励机制不健全

理论上讲，约束只有与激励机制相匹配，才能产生较好的效果；激励缺失的约束虽能够产生行为规范效应，但无助于调动实施主体的积极性与主动性。当前，预算管理全过程的约束机制越来越健全，但激励机制建设相对滞后，实施主体严格守规遵约对于部门、单位或个人的增益不明显，容易导致“约束疲惫”的情况，进而出现消极应付、侥幸突破、向后看齐等问题。

综上所述，从国家治理的层面审视，预算管理存在的问题还不少，这些问题主要指向了管理的几大核心要素，即理念、制度、组织和技术。应该说，我国预算管理制度已相当完善，但基于问题导

向的制度之所以没有完全解决问题，一方面是制度本身可能过于理想化、分散化，另一方面决定制度有效性的理念、组织体系与技术支撑体系不健全也至关重要。应该看到，不管是国外相对成熟的预算管理制度的成功经验，还是国内取得显著效果的改革探索，均是在完善制度的同时，解决了管理理念、组织体系和技术配套的问题。预算管理是一个有机的系统，涉及面极广，所有层级政府、所有政府部门以及所有的政府公务人员，无不处在预算管理之网中。与其他领域的改革相比，预算管理制度改革更需体现系统性、集成性、整体性理念。

第三节　基于行为风险治理框架进行政府预算改革

为进一步发挥预算的治理效能，就要基于公共风险来观察、分析和判断，并以风险为导向进行预算编制、执行、监督与绩效管理。

一、预算编制行为应跟着风险走

编制面向未来的规划和预算，核心理念就是公共风险，要基于公共风险来观察、分析和判断，并形成以风险为导向的预算编制理念。

（一）预算编制应以公共风险最小化为目标

预算编制是将公共资金根据政府职能和公共风险状态进行配

置。为了实现公共资源助力国家治理现代化进程，不同国家和政府都进行过预算改革，以规范预算编制程序、探索科学的预算编制方法，尽量降低在预算编制过程中由于外界影响因素所产生的预算失范和随意问题。近年来，我国在预算编制环节实行了包括部门预算改革、政府收支分类改革、收支两条线改革以及中期财政规划等在内的一系列改革，旨在提高预算编制的科学性、准确性以及全面性，以提高公共资源的效能，并为预算执行、预算监督和预算绩效夯实基础。

就部门预算而言，改革后，从编制形式来看，按功能进行编制变为按部门编制预算，为财政问责提供了组织保证。此外，由于“一个部门一本预算”，将预算内、预算外和制度外的公共资金都纳入部门预算一本账，使预算能够反映一个部门单位各项资金的来源、使用方向和具体使用内容，增强了部门预算的完整性和统一性，满足预算全面性原则。从预算编制程序来看，从之前功能预算的“自上而下”变为“自下而上”的逐级编制，由预算基层单位编起，逐级汇总，实现了由“上级代编”向“逐级实编”转变。由于具体的支出单位与上级单位在资金使用上是信息的优势方，改革后的编制方式更具有科学性和准确性，便于精细化管理，也避免了上级代编预算的随意性以及二次分配的情况。从编制方法来看，传统的分项列支预算逐渐转为绩效预算方法。政府部门不仅关注投入，更关注产出和效果，预算编制从关注手段逐渐转变为关注结果。从预算编制的时间来看，改革后的预算编制时间由原先的2—3个月逐渐延长，现在每年5月开始布置下一年的部门预算编制工作，使之前预算编制粗放的情况得到了改进。

预算编制阶段要解决的基本问题就是公共资源的配置问题。私人资源是按效率进行配置，与私人资源配置相比，公共资源的效率

很难进行测量，这是预算编制面临的最大问题。因此，传统的单纯以效率作为预算编制的基础已经显著不适合当下风险社会的治理要求。面对具有不确定性的公共风险，只有将预算编制的依据转移到公共风险最小化这一原则上来，新时代的预算编制才能更好地服务于现代财政制度的建立，发挥好财政作为国家治理的基础与重要支柱的作用。

（二）预算编制应基于对未来公共风险的情景预判

风险社会中，不确定性成为常态，以静态的投入产出计算出的效率值为依据的预算编制原则就不再适应于经济社会发展的要求，应该依据风险类型与潜在的损失为依据来指导预算编制。其中，涉及三个核心的概念，即公共风险、财政风险和债务风险，需要明晰其中的转化关系。

公共风险是宏观的、社会整体的损害结果发生的可能性、各种不同类型和层面的不确定性是公共风险的本源，而人们对公共风险的反应又会引发新的不确定性，并产生叠加效应。公共风险是全体老百姓都要面对的风险，涵盖经济、生态环境等多个领域，这些公共风险一旦发生就会转化为政府的公共责任，而一旦转化为政府的公共责任，这些风险就会演变为财政风险，这个时候财政就有可能以多支出或者多收入来应对风险。但是，增加支出又有可能引发财政收支的矛盾，公共责任就进一步扩大了，而公共资源是有限的，这就会进一步导致债务风险的发生。比如，为应对疫情风险，财政必须增加支出，但疫情不仅冲击了经济和社会，还导致财政大幅度减收。在这种情况下，公共责任毫无疑问是不断扩大的，但公共资源有限性就会导致债务增加，很可能形成政府的债务风险。所以，预算的编制可能是围绕这样三个核心的概念或者核心的关键词来进行。当政府的公共责任变得充满不确定性，而政府拥有多少资源也存在高度不确定性，这就导致预算编制也处于一种不确定状态。因此，需要用未然的风险框架，基于对未来的公共风险的情景预判或分析来编制预算。具体而言，基于行为风险治理的预算编制安排应体现行为风险理性以及风险预期。风险预期是基于“虚拟理性”，区别于以物理学为基础的“实体理性”，内含于“风险—损害—预期—风险”和“风险—预期—行为—风险”两个逻辑链条之中。前者是指风险暴发后的危害结果，会进一步劣化经济社会主体的风险预期，导致风险扩散；后者是指风险的变化会直接作用于风险预期，进而影响经济社会主体的行为，行为变化导致风险状态改变。在风险预期的基础上，预算编制需要实现公共风险最小化，有效对冲和化解公共风险，为经济社会发展注入更多的确定性。

（三）以公共价值为核心完善预算与五年规划的衔接

国民经济与社会发展的五年规划如何转化为财政的五年规划，财政五年规划如何转化为三年滚动预算，转化为三年滚动预算后又如何对接年度预算？应当说，年度预算需要先对接中期财政规划，然后对接五年的财政规划，五年财政规划再对接国民经济与社会发展规划。这中间需要有一个转换。如果没有这么一个转换是无法有效对接的，很可能就是“两张皮”。这样编出来的预算和规划就不是一个有机的整体，而是碎片化的。预算就是预算，规划就是规划，预算编制很可能被各项任务“牵着鼻子走”，导致盲目被动地花钱，甚至是为了花钱而花钱。

过去常说资金跟着项目走，项目跟着规划走。再深层次讨论，就出现新问题。其实应是资金跟着项目走，项目应当跟着价值走。这个“价值”，既不是经济价值，也不单纯是社会公平价值，而是

公共价值。公共价值是经济、社会、生态和空间价值的综合，单一维度的价值都不是公共价值，最终要落到人身上来，而不是物。公共价值的实现有赖于公共风险的对冲而注入的确定性。在这个意义上，编制、审查规划、预算的风险分析和价值导向是等价的表述。

需要注意的是，公共价值概念中所涵盖的经济、社会、生态等各个方面的风险类型不同，但可以相互转化。比如，金融风险可以转化形成财政风险。这些风险如何转化，又是与公共管理体制机制直接关联的。在编制规划和预算时，如果对未来的风险没有一个风险地图或风险情景的分析图，针对不稳定、不确定的状况，通过防范化解重大风险、系统性风险来注入确定性就是盲目的，就很难有针对性。现有制度以及体现在规划、预算中的风险对冲思路、办法、措施，很可能就是无效的，这本身就是一个最大的风险。因此，为了促进预算与规划的联动以及有效衔接，提升国家治理能力治理体系现代化，就需要从公共风险的视角，以公共价值实现为抓手将预算及国民经济和社会发展五年规划进行有效衔接。

二、预算执行要注重防范公共风险

预算是一个编制、执行、监督的闭环体系，有编制就有执行有监督，预算基于风险框架编好了，后续也要基于风险分配与风险防范进行预算执行与监督。

预算编制通过各级人民代表大会审议之后，就进入预算执行阶段。预算执行就是落实预算编制指标的阶段，是预算从理论到实践的转化过程。预算执行阶段的目标是合规性和预算执行有效性。合规性意味着预算执行要符合财经纪律和预算编制要求，预算执行有效性体现为公共风险最小化。因此，要实现预算执行目标，需要设计良好的预算执行制度。

为了实现预算执行目标，自2001年开始，我国进行了预算执行阶段的关键改革，即国库管理制度改革，其目标是建立现代国库管理制度，以解决原来预算执行过程中“跑”“冒”“滴”“漏”严重、财政交易费用高、预算执行有效性低下的问题。现代财政国库管理制度是以国库单一账户（TSA）为基础，资金缴拨以国库集中收付为主要方式的财政资金管理制度，主要包括国库集中收付制度、政府采购制度、国债与国库现金管理制度三个组成部分，其基本特征为“效益、透明、监控”。我们国家正是围绕上述三方面进行了国库制度、政府采购制度、现金管理制度三项改革。其中，国库制度改革最为基础和重要，国库制度的改革带动了现金管理制度改革和政府采购制度的改革。

在传统预算理论视角下，预算执行的效果在于“保增长、促就业、平缓经济波动”。社会普遍认为，只要保持一定速度的国内生产总值增长，就能保证一定水平的就业率，从而确保经济社会的稳步发展。党的十八届三中全会提出，全面深化改革的总目标之一是“推进国家治理体系和治理能力现代化”，强调“科学的财税体制是优化资源配置、维护市场统一、促进社会公平、实现国家长治久安的制度保障”。可见，确保国家长治久安成为新时期财政工作的主要目标。我国预算执行的效果也需要从“促进经济发展”转变为“防范公共风险”以及“实现风险在区域、城乡、群体间的合理再分配”。相应地，公共资源分配的重心将更多用于保障和改善民生、防范和化解风险，培育提升市场主体和社会主体应对风险的多元路径和综合能力，阻断各类个体风险向公共风险的演变，化解面临的公共风险。因此，为实现国家治理现代化，需要注重预算执行对于公共风险的防范和化解。

三、预算监督应以公共风险化解为导向

公共财政的“公共性”要求必须对预算公共资金执行进行有效监督。从发达国家实践来看，对于公共资金的监督形成了由议会监督、审计监督、财政监督、社会公众监督等组成的立体化、全方位的监督体系。我国自改革开放以来在行政系统内已经形成财政监督、审计监督的预算监督体系。近年来，在继续完善行政监督的基础上，加强了人大部门对公共预算的监督，主要体现在制度建设、组织建设、预算公开、预算审查等方面。

需要注意的是，虽然财政收支矛盾推动预算监督法治由规范性理念转向有效性理念，是公共预算制度演进的历史经验，具有特定的客观性，但是囿于我国预算监督法治基础依然存在的薄弱性，应该审慎考量并抉择我国预算监督法治理念的转型。就我国现实来看，预算监督尚未完成规范性构建，预算“软约束”依然是我国预算实践中存在的问题。总的来看，我国预算监督规范性的缺失体现在多个方面：一是立法监督权力和能力缺失，人民代表大会，尤其是地方各级人民代表大会在履行预算法赋予的各种监督职责时往往心有余而力不足，在预算专业机构建制、人员配置数量和专业能力诸方面都存在很大不足。二是政府内部预算执行监督体系尚未健全，支出部门预算执行缺乏有效约束，预算执行自由裁量权泛滥。三是预算监督的法制建设有待完善，预算调整缺少完整的规范性依据。现有预算调整条款疏于规范财政资金在预算科目间的变动，且在调整范围上缺乏周延性。

因此，为了提升预算对于公共风险的防范与化解能力，预算监督需要构建与之相适配的公共风险动态监管体系，将公共风险评估与监管作为预算监督的重要标准，才能实质上提升预算管理效能。如果在构建公共风险监管体系过程中缺乏风险理念和虚拟思维，仅仅着眼事后补救的应急管理已经远远难以适应公共风险管理的需要，且面临预算支出激增的压力。唯有构建基于虚拟思维、着眼未来的公共风险监管体系，并将其运用于预算监督，才能真正地将公共风险消灭在萌芽状态，这才是提升我国预算治理效能的关键。

四、预算绩效管理应是全面的行为风险管理

预算绩效管理是嵌入整个公共部门的一种约束机制，既是建立“约束有力的预算制度”，建设现代财政制度的重大举措，也是提升国家治理能力，推进国家治理现代化的重要一步。应进一步优化预算绩效管理方式，以全面风险管理推进预算绩效管理提质增效。

（一）行为主义视角下预算绩效管理的内涵转变

全面实施预算绩效管理，不只是解决公共资金利用效率、配置效率问题的一种方法，还是撬动公共部门责、权、利重构的有效途径，是实现钱与事、权与责、决策与执行、服务与需要有机融合的一种机制。

预算作为对冲公共风险的一种制度安排，其绩效管理自然也有着同样的目标指向。当前经济社会发展阶段各种任务面临的挑战，本质上都是风险挑战，预算绩效管理应为此服务。因此，财政钱花得好不好，整体上就看三大风险攻坚战有没有取得进展——如果没有取得实质性进展，再怎么评价，都谈不上有绩效。由此不难看出，预算绩效的本质内涵应指向未来公共风险，衡量绩效的最终标

准是能否有效对冲公共风险，能否使公共风险收敛。如果能对冲公共风险，那么绩效就实现了。对冲公共风险的程度越高，缩小公共风险的程度越明显，预算绩效也就越高。

通过财政资金的征集和使用，使整个社会的公共风险能够最小化，这是财政的基本职能。公共视角的经济效益、社会效益和生态效益，也就是经济领域、社会领域、环境领域公共风险收敛而呈现的一种确定性结果，如果公共风险得不到有效的控制，任何效益都是空谈。当前多量纲的绩效评价和绩效目标，实质上反映了预算绩效管理的一种困境。若转向未来风险逻辑，这种困境则可化解。

（二）以风险分配为导向推动预算绩效管理全面实施

公共风险是一个抽象，在实践中反映为各种特殊的具体问题。问题之所以成为问题，背后都是系于风险，否则，问题就是假问题或伪问题。以问题为导向，本质上是以风险为导向。全面实施绩效管理必须以具体问题为导向，根据不同领域、不同地方的问题，要创造性地实施预算绩效管理，避免“一刀切”。

以风险为导向，必须分清问题的主次和轻重缓急，抓住当前重大问题，使预算绩效显现。从当前情况看，全面实施预算绩效管理应当优先解决如下问题：一是打破预算支出安排的基数依赖，优化支出结构。多年积累下来的支出结构刚性化导致资金配置难以优化，是导致资金沉淀闲置的重要原因。闲置就是浪费，更谈不上绩效。这些年在不断清理沉淀资金，规定过期收回，但新的资金沉淀仍没得到根本解决。二是实现资金使用整合，避免专项资金使用的碎片化。专项转移支付带有专用性，多是通过各部门条条下达资金指标，县乡政府无法统筹使用。这些年各专项资金大都实行绩效评价，审计也很严格，但碎片化使用导致资金使用的整体绩效不高，尤其是一些地方的“三农”资金，尝试着整合已经试点多年，仍收效不大。三是对扶持产业转型升级的资金实行公平竞争审查。政府各经济部门都有各种扶持企业创新和产业转型升级的资金，从各自部门的任务目标来看，都具有合理性，但有可能妨碍市场公平竞争。市场效率来自公平竞争。如果妨碍公平竞争，无论从局部看多么合理，绩效评价多么高，从整体来看则表明不但没绩效，而且在制造风险。四是对用于民生保障和改善的社会性支出，应从受益群体范围来分析，避免扩大分配差距和社会不公。近年来，政府用于民生保障和改善的支出力度不断加大，民生涉及不同群体，加大民生保障和改善力度，并不等于促进社会公平。在城乡分治没解决、社保制度还未能完全统一的情况下，有可能出现改善力度越大，越导致社会不公平的情况。如城乡居民之间的养老、医疗、救助救济以及农村扶贫等，稍不注意就可能导致原有差距扩大，并导致更加不公。从局部看，产生了明显的社会效益，但从整体看则可能是相反的。上述列举的四大问题，实际上都是公共风险在不同领域的反映。从现实来看，我们意识到了风险的存在，但我们的实际做法并未能有效地对冲那些风险，在努力解决问题的同时可能有意无意地在制造风险。这说明现有预算绩效理论可能已经产生了某种误导。

由此可见，顺着现行体制下的资金链去实行追踪问效，用各种量纲的绩效指标去进行所谓的绩效评价，可能产生误导，给人幻觉，看似局部绩效会有所改善，从整体看则未必如此，甚至可能是在掩盖风险、制造风险。因此，要真正使预算绩效管理收到实效，必须以风险问题为导向，坚持“实质重于形式”的原则，注重宏观绩效和整体绩效。无论是事前的绩效目标分析，还是事后的绩效评

价，应超越会计学意义上的指标导向，从重大风险问题出发，落脚到未来重大风险问题的解决上来。

（三）实现预算绩效管理机制的转变

“要我有绩效”主要是指财政部门和审计部门对支出部门绩效的评估与评价，以及上级对下级的要求和督查问责。这是外在的压力和约束。若这种外在压力和约束不能转化为内在动力和激励，被推着走，全面实施预算绩效管理就会流于形式，甚至会陷入会议多、文件多、督查多、问责多，而实质落实少的困局。中央对预算绩效管理的重视程度前所未有，不同层级出台的文件规范也越来越多，财政、审计部门的推动力度也越来越大，预算绩效管理取得了一定的成效。但是，依然存在实施成本高、严重的信息不对称与过程控制等问题。不难想象，预算绩效管理机制若是不能尽快从“要我有绩效”转换到“我要有绩效”，那所做的一切都是新瓶装旧酒，越是努力，就越将背离绩效管理的初衷。因此，机制的转换是全面实施预算绩效管理的关键，是所有努力成为有效的前提。

转向“我要有绩效”，这应当成为全面实施绩效管理的正确目标。实现绩效管理机制转换，有几个必要条件：一是把资金和决策从一种行政权力转变为一种法律责任和道德义务，变成一种“风险”，让决策主体小心谨慎地决策和申请资金、分配资金、使用资金和管理资金。二是提高绩效目标的透明度。只有在目标透明的条件下，花钱和办事才不会脱节，并产生一种无形的压力，并将这种压力转变为内在动力。主动地、创造性地把钱花好、把事情办好，才可能避免胡乱拍板、乱花钱。三是权力与责任对称。有责无权，或有权无责，都会导致绩效低下。过程干预往往导致有责无权，无法实现绩效，而且难以问责。责任可以推诿或层层下移，也往往导致不讲绩效。如利用专家打分方式来分配转移支付资金，就是利用程序来推卸责任的典型做法。这涉及行政体制的改革和业务管理流程的再造。只有积极打造上述条件，绩效管理的目标才能实现。

第六章　行为主义视角下的税收制度

税收行为受到内部和外部双重约束的影响，内部约束包括纳税人的行为动机、认知差异、风险偏好及议价能力与行为；外部约束包括经济秩序、政府治理、法律规制等。在外部约束一定的条件下，由于纳税人的心理结构具有不同的特征，纳税人在纳税方案选择上存在个体差异。由于税收行为的存在，税收制度处于非均衡状态，对税制实施优化改革的设计及征管方式选择应考虑这样一种机制，即这种机制满足个人“激励相容约束”，提高纳税人的税收行为遵从度，使纳税人在追求自身利益最大化过程中的行为选择符合政府的政策利益目标和行为取向。

第一节　行为主义视角下税收的理论分析

一、税收行为的内部约束

（一）纳税人的行为动机、认知差异与风险偏好

在外部约束一定的条件下，不同的纳税人行为不同，这是由于纳税人的心理结构具有不同的特征。这些特征为某个特定的纳税人所拥有，影响其对特定类型纳税方案的感知，并因此而引起纳税方案选择上的个体差异。

纳税行为动机可以被描述为在纳税个体内部存在的迫使其采取行动的一种驱动力。这种驱动力表现为一种紧张状态，它因为某种需要没能得到满足而存在。纳税人会有意识地或无意识地通过采取

某种行动来减少这种紧张。纳税人采取的这种行动会使他们的需要得到满足，并因而使他们感受到的紧张得到缓解。

纳税人认知差异是强调作为不同的个体，纳税人倾向于用自己的方式来看待世界。纳税人的知觉具有选择性。他们可能看见某些方面，忽视其他方面，选择什么刺激依赖于刺激本身的特性和纳税人的期望和动机。纳税人还倾向于把税收刺激组织成组，作为统一的整体来感知它们。他们对刺激的理解受个体先前经验的影响，依据他们能想象的似乎有理的解释及在知觉时他们的动机和兴趣来理解。

不同的纳税人有不同的风险偏好，风险偏好会影响纳税遵从。纳税人风险偏好大概可以分为三类：风险偏好型、风险居中型、风险规避型。在现实中，三种不同偏好类型呈现金字塔式排列：最顶端的是风险偏好型，倾向于逃税；其次是风险居中型，有逃税的动机，但一般不会实施；最底端是风险规避型，税收遵从度较高。具体而言，相较于女性而言，男性更趋风险偏好型，男性的逃税额普遍大于女性，而且随着年龄增长，纳税人的风险偏好度下降，税收遵从度提高。税收遵从风险偏好与收显著正相关，随着收入层次的提高，风险偏好系数递增，即收入水平越高，纳税人越倾向于“风险爱好”。

（二）纳税人与政府的议价行为

纳税人与政府讨价还价的能力大小，事实上可以描述为距离权力中心的远近。纳税人有讨价还价的能力，可以影响政府议事日程的设定，必然离权力中心近，其必然积极纳税。尤其是对于一些影响地方 GDP 的大企业来说，其纳税额占比较大，在地方政府政策制定过程中扮演重要角色，其可以游说政府为其生产经营活动提供诸

如修路、大力发展物流业等外部条件，将按时纳税当作游说的对价，这样与政府讨价还价的结果也就转变为企业决定是否按期纳税的重要因素。

公共产品对纳税人的效用值也影响纳税人纳税行为。国家的职责在于为社会提供必要的公共产品，如国防、教育、外交、行政管理等，但国家本身并不能从事生产活动，为社会提供公共产品的费用来源于社会再生产过程。现代国家的税收，实质上是国家为公民提供公共产品，纳税人将税收当作公共产品的对价，承担纳税义务，目的在于实现享受公共产品的权利。公共产品的效应自然会对纳税人纳税行为产生影响，如果纳税人切实感受到自己享受了公共服务，其纳税意愿会相应提高，逃税动机也会相应下降。但事实上，由于存在参照效应，纳税人普遍会对比国外的公共服务供给情况，觉得本国政府提供公共服务力度远远落后于发达国家，自然降低了纳税意愿。此外，由于公共产品的非排他性，“搭便车”现象普遍存在，这也降低了纳税人享受公共服务而要为之纳税弥补成本的意识，实际上这也是公共产品效用降低的表现形式。

二、税收行为的外部约束

（一）经济秩序与税收行为

经济秩序是符合可识别模式的重复的经济事件或行为。不同的经济秩序对纳税行为的影响也存在差异。在影响税收行为的经济秩序中，产权安排是一个最重要的因素。下面从整个社会中私人拥有绝大多数财产的完全产权及相反情况两个方面讨论产权安排对纳税人行为的影响。

在私人拥有绝大多数财产的完全产权的情况下，个人的财产权利受到充分保护，不受任何个体和组织的侵犯。由于公民拥有完全产权，政府取得财政收入必须与纳税人或其代表充分协商。政府收支过程受到纳税人的有效监督。通过这样的制度安排，可以较好地让政府行为服从于纳税人的需要。纳税人感到自己让渡出的财产是值得的，就会自觉遵从税法。

在私人不拥有绝大多数财产的完全产权的情况下，劳动者并不拥有其所生产的所有产品的所有权。他们实际已经纳税，但法律并不认为他们是纳税人。公民的纳税人身份被遮蔽，也就缺乏纳税意识，从而不会认为监督政府行为是自己的权利。

私人不拥有完全产权的另一种表现是政府不通过民主程序征税。政府征税依据的不是纳税人或其代表投票通过的法律，而是政府部门制定的规章。当出现官僚集团过于庞大、铺张浪费非常严重的情况时，政府为了应付财政入不敷出的局面，常常滥加税收。当纳税人的财产权利得不到保护，认为政府并不能代表自己的利益时，纳税人就会通过各种手段逃避税收，如寻租、偷税、避税甚至抗税。纳税人运用这些手段时往往觉得自己的行为是正当的，是对不合理制度的具有义理性的反叛。

（二）法律规制与税收行为

法律可以对税收相关主体的行为进行约束和监督，使其在既定框架中运转。与税收相关的法律的制定和执行影响着纳税行为。

一是税收法定原则与纳税行为。税收是将私人经济主体的部分财富转为国有的手段，因此税法通常被视为“侵权规范”。所需承担的税收最大限度体现民意，并通过法律加以确定，当税收法定原则在实践中得到贯彻时，纳税人有更高的纳税积极性。

二是纳税人权利与纳税行为。纳税人权利体现在两个层面。第一个层面是在纳税人与征税机关的关系中表现出来的，是微观层面的纳税人权利，如对征税机关的决定不服有权申请复议和提起诉讼。第二个层面是从纳税人与国家关系的角度体现出来的权利，包括民主立法权和民主监督权，是宏观层面上的权利。权利的缺失会使纳税义务的履行在许多情况下成为非自愿的行为。在这种情形下，逃税、避税、抗税等行为得到广泛认同。

（三）社会结构与税收行为

纳税人具有社会属性，社会结构必然对纳税人的纳税行为产生影响，根据富裕程度、威信、权力三个因素，可以将社会结构分为上、中、下三层。

上层纳税人是一个社会中最富有的群体，只占纳税总人口的一小部分。他们负担的税收较多，比如比其他纳税人高得多的个人所得税边际税率以及个人所得税总纳税额。一个社会的遗产税主要由他们负担。他们常常担任企业以及其他机构的领导职位。这些组织所负担的公司所得税等税收直接影响他们的经济利益。由于负担的税收较重，也更有能力影响一个国家的税收政策，因此他们更多地参与议政活动。

中层纳税人有较稳定的收入，在纳税总人口中所占比重最大。他们负担的税收常常以个人所得税为主。根据各国税法的不同，他们所承担的税负占其总收入的比重差异较大。一般来说，发展中国家个人所得税税率较低，而在发达国家较高。相比上层纳税人，中层纳税人需要缴纳的税收总额较少，没有积极性进行寻租活动。在像美国这样税制比较复杂的国家，中层纳税人常常雇用税务代理人员代为纳税；而在一些税制简单的国家，他们所负担的税收往往由所在组织代扣代缴。

下层纳税人的平均生活水平明显低于人口的大多数。他们中有很多人长期失业，或者是工作不稳定。他们缴纳的税收不多。如果税负过重，大大超过他们的承受能力，那么这一阶层的人将会大规模偷税甚至抗税。

三、税收行为遵从与税制适配性

（一）税收行为遵从

税收行为遵从对税制设计至关重要，是实现税制及政策效应预期的保证。

首先，虽然规则是约束纳税人遵从税法的重要手段，但任何正式规则都无法做到无所不包、绝对完备，都需要社会主流观念、习俗等非正式规则加以配合，而纳税人遵从意愿的普遍提高有利于遵从友善的非正式规则的建立。

其次，自愿遵从不但会直接提高纳税人的申报率，甚至可能因其更愿意主动学习税法、主动寻求税务中介机构的帮助等而提高其申报准确性。所以，纳税人税收遵从意愿的提高能够进一步保障税法的切实执行和税收征管成本的降低。正因如此，税收遵从长期以来一直属于税收研究领域的热点，大量文献从各个方面对其进行了分析。依据标准经济模型的税收遵从理论从预期效用理论出发，认为纳税人在税收遵从决策中追求自身预期效用的最大化，其申报收入的多少受税率、逃税被查出的概率、处罚力度等的影响，随后，逃税的心理成本被引入模型。随着行为经济学的发展，越来越多的研究建立在有限理性的假设之上。一些研究发现公共品的供给状

况、财政转移支付状况、其他纳税人的行为等都会影响纳税人的主观公平感，进而影响其税收遵从，纳税人对政府及税务机关的观感也会影响税收遵从。

（二）税收制度与经济社会治理的适配性

税收制度深刻影响经济社会运行、经济社会治理和经济社会发展，是现代国家发挥职能作用的经济支柱。世界上没有最优的制度，只有最适合的制度。税收制度与经济社会的适配性可从三个层面来观察：一是运行层面，二是治理层面，三是发展层面。

从经济社会运行层面，税收制度的适配性表现为税收总体负担与经济社会的承受能力相适应。运行层面的基本目标是平抑经济波动，避免经济大起大落，宏观调控和短期宏观政策就是为此设计的。从经济社会治理层面，税收制度的适配性表现为权衡各方利益、风险，使之得到有效协调和平衡，引导社会预期。从经济社会发展层面，税收制度的适配性表现为物的发展和人的发展两方面，前者体现在经济增长和社会财富的创造上，后者体现在国民素质、劳动技能和创新能力上。

第二节　税制与税收行为规范的改革实践

公共收入，是制约财政运行、衡量政府公共资源和宏观调控能力的重要标志，也是保证政府公共经济活动的物质基础。为了履行国家公共职能，政府必须取得收入。同时，公共收入也是以公共权力为标志的多种权力运行的结果。对收入权的规范化过程，是防范和化解公共风险的过程。一般来看，政府主要凭借两种权力取得公共收入，即政治权力和经济权力。政治权力是国家所独有的，凭借该权力，国家可以强制性、无偿性与固定性地取得税收收入。经济权力则主要涉及国家对自然资源、国有资产、国有资本，以所有者或出资者身份取得收入。再者，政府在进行社会规制和提供公共服务等行为过程中，也会产生一定的行政收费。此外，国家还可以利用政府信用发行公债，有偿取得收入。可见，国家公共收入主要来源于租税、行政收入、公债和公产公业等方面。取得上述公共收入的权力形态，分别可对应为国家的征税权、公共收费权、举债权和公共产权，权力与收入之间具有一定的匹配关系，这在根本上取决于一个国家的经济基础和与之匹配的上层建筑。本节以征税权为例，回顾我国税收法定及行为规范的实践过程。

一、税收法定行为规范进程

征税权，也称课税权，是指由宪法和法律赋予政府开征、停征税收，以及减税、免税、退税、补税和管理税收事务的权利与权力的总称。从字面意义理解，征税权是宪法和法律赋予的，即税收法定，是指由立法者决定全部税收问题的税法基本原则，而所谓的立法者，在西方国家即为议会，在我国则为全国人民代表大会。税收法定原则一般认为其肇始于英国，1215 年，英国贵族胁迫约翰国王签署《大宪章》，确立了“非赞成，毋纳税”及“议会课税权”税收法定初始框架。其后，在法治发达国家，“无代表不纳税”成为公认的法律原则。这不仅存在于宪法或法律文本之中，也根植于人们的观念，任何违反或背弃都有可能产生极其严重的政治后果，如英国的光荣革命、法国大革命、美国独立战争，

虽然都有各自的历史背景，但是不合法的征税是其中很重要的导火索。

（一）税收授权立法的演进

我国是社会主义公有制国家，《宪法》第二条明确规定，“中华人民共和国的一切权力属于人民，人民行使国家权力的机关是全国人民代表大会和地方各级人民代表大会”。征税权属于极为重要的国家权力，自然也只能由人民通过其代表组成的议会才能行使。政府不足以代表全体人民的意志，不能行使课税权。如果政府希望课税以满足其财政开支的需要，则必须经过人民代表大会的审批和同意，这种审批和同意的过程就是税法制定的过程，审批和同意的结果就是其所制定的税法。制定税法的过程，本身就汇集了纳税人的意志，可以有效规范和制约政府的征税意愿。税法的正当性、合法性根植于此。

改革开放以来，税收领域的授权立法在我国特色鲜明，绝大部分税都是全国人大授权国务院直接开征的。截至2015年《立法法》修改之前，我国税法体系中经由全国人大或其常委会制定的法律只有四部，即称为税收实体法的《个人所得税法》《企业所得税法》《车船税法》和称为税收程序法的《税收征收管理法》。18个税种中有15个将其合法性建立在行政法规之上，以各种条例的形式存在。

改革开放初期，考虑到税收制度的建立和完善面临错综复杂的情况，同时缺少相关经验，全国人大及其常委会依据《宪法》第八十九条关于全国人大及其常委会可以授予国务院其他职权的规定，于1984年出台《全国人民代表大会常务委员会关于授权国务院改革工商税制发布有关税收条例草案试行的决定》[①]（已于2009年6月废止），授权国务院在实施国营企业利改税和改革工商税制的过程中，拟定有关税收条例，以草案形式发布试行；1985年出台《全国人民代表大会关于授权国务院在经济体制改革和对外开放方面可以制定暂行的规定或者条例的决定》[②]，授权国务院对有关经济体制改革和对外开放方面的问题，包括税收方面的问题，必要时可以根据宪法，在同有关法律和全国人民代表大会及其常务委员会的有关决定的基本原则不相抵触的前提下，制定暂行规定或者条例。国务院根据有关授权决定颁布实施了一系列的税收暂行条例。这些税收暂行条例适应了改革开放的需要，与几部税法一道构建了适应社会主义市场经济需要的税收制度，为保障改革开放和社会主义市场经济体制的建立发挥了重要作用。

然而，授权立法虽然具有机动灵活、适应改革时期特殊需要的优点，但并不符合税收法定原则。2013年全国人民代表大会期间，32位代表联名提交议案，要求全国人大收回对国务院制定税收行政法规的授权[③]，激起新闻媒体和社会公众的广泛关注。

（二）税收法定原则的落实

2013年11月12日，党的十八届三中全会通过《中共中央关于全面深化改革若干重大问题的决定》[④]，明确提出“落实税收法定原

① 人大公报：《全国人民代表大会常务委员会关于授权国务院改革工商税制发布有关税收条例草案试行的决定》，1984年9月7日，该决定已于2009年6月27日废止，见 http：//www.people.com.cn/item/flfgk/rdlf/1984/111203198401.html。

② 来源于人大公报：http：//www.npc.gov.cn/wxzl/gongbao/2000－12/26/content_5001633.htm。

③ 赵冬苓：《关于终止授权国务院制定税收暂行规定或条例的议案》，2013年3月8日，http：//politics.caijing.com.cn/2013－03－08/112574279.html。

④ 《中共中央关于全面深化改革若干重大问题的决定》，人民出版社2013年版。

则”，这是税收法定原则首次写入党的重要文件。文件第八部分“加强社会主义民主政治制度建设”提出，“推动人民代表大会制度与时俱进，完善中国特色社会主义法律体系，落实税收法定原则”。

2015年3月5日召开的十二届全国人大三次会议审议通过了修改《立法法》的决定，明确规定“税种的设立、税率的确定和税收征收管理等税收基本制度”只能制定法律，为实现宪法确立的税收法定原则提供了制度保障。

2015年3月25日，为全面落实依法治国基本方略，加快建设社会主义法治国家，党中央审议通过了全国人大常委会法工委牵头起草的《贯彻落实税收法定原则的实施意见》（以下简称《实施意见》）。《实施意见》明确，“不再出台新的税收条例；开征新税的，应当通过全国人大及其常委会制定相应的税收法律，同时对现行15个税收条例修改上升为法律或者废止的时间做出了安排。待全部税收条例上升为法律或废止后，提请全国人民代表大会废止《全国人民代表大会关于授权国务院在经济体制改革和对外开放方面可以制定暂行的规定或者条例的决定》”。[①] 这是对贯彻落实税收法定原则进行的具体部署，体现了中央对落实税收法定原则的高度重视，将通过周密安排和严谨步骤，把法律条文付诸实践，加快建立完善税法体系，严格规范约束政府征税行为。这也是全面落实依法治国基本方略，加快建设社会主义法治国家的一项重要部署。通过这些具体安排，基本的税收形式法定初步完成。

形式法定，仅仅是落实税收法定的第一步，完成税收法定的“原始积累”，需要进一步迈向税收的实质法定。其主要表现为，由“规范法律形式”向“规范法律实质”跨越。税收基本问题不仅要

① 新华网：《贯彻落实税收法定原则的实施意见》，2015年3月25日，见 http://www.xinhuanet.com/2015-03/25/c_1114763794.htm。

有法可依，而且要追求“良法善治”，推动实现税收立法、执法、司法和守法的全过程动态法定。法定原则贯穿在税收的收、支、管等不同环节。在这一过程中，不仅需要税收法定，更要彰显税收自身的实质理性，体现税收法治的实质要义。①

二、新时期税制改革实践

党的十八届三中全会提出构建现代财政制度以来，围绕现代税收制度建设开启了新一轮税制改革，内容主要为党的十八届三中全会提出的六大税种和拟修订的税收征管法。改革进展主要体现在以下方面：

一是全面推进“营改增”。按照财税体制改革的战略部署，2016 年 5 月 1 日，一次性将四个最复杂的行业全面纳入营改增范围，将这项普惠的结构性减税政策落到实处，确保“所有覆盖行业税负只减不增”，全面营改增的改革任务顺利完成，并呈现改革、减税和稳定预期三重效应。在改革效应方面，营改增将流转税的二元税制模式转换为一元税制模式，统一了货物和服务税制，初步建立了现代增值税制度，推动了税制的改革和完善，并倒逼财政体制改革。

二是深化资源税改革。2016 年 7 月 1 日，我国实施资源税全面从价计征改革，有效发挥税收杠杆调节作用，推动经济结构调整和发展方式转变，其中的一大亮点是水资源税。截至 2017 年 12 月，水资源税试点已扩大到 10 个省（自治区、直辖市），实行从量计征，征税对象为江、河、湖泊（含水库）等地表水和地下水，纳税

① 刘剑文、侯卓：“税收法定原则如何落实”，《光明日报》2015 年 3 月 20 日。

人为直接取用地表水、地下水的单位和个人，试点为全国全面推开改革积累经验。2019 年 8 月 26 日，十三届全国人大常委会第十二次会议表决通过《资源税法》。该法于2020 年9 月1 日起正式施行。

三是实施更大规模减税降费。实施大规模减税降费，是应对经济下行压力加大、积极财政政策加力提效的必然选择。比如，在小微企业税收减免上，对可享受企业所得税优惠的小型微利企业的标准进行了大幅放宽，所得税优惠力度进一步加大，政策的覆盖范围高达95%以上。又如，在社保缴费领域，继续执行阶段性降低失业和工伤保险费率的政策，将城镇职工基本养老保险单位缴费比例下调至 16%，对社保缴费基数进行核定调低，明确要求各地不得出台增加小微企业实际缴费负担的政策，不允许自行对企业的历史欠费进行集中清缴。同时，进一步减免或降低部分行政事业性收费额度，对有关政府性基金的设立进行清理规范。连续几年的大规模减税降费对稳定市场预期、减轻企业负担发挥了积极作用，同时在促进企业增加投资、加强研发以及扩大就业等领域也发挥了重要作用。

四是深化个人所得税改革。2019 年 1 月 1 日起，我国全面实施综合与分类相结合的个人所得税制。中国特色社会主义进入新时代背景下，新一轮个税改革对财税改革、经济发展、社会进步均具有重要意义。

- 综合所得按年征税制度建立。此次改革中，综合征税范围按年计税范围涵盖工资薪金、劳务报酬、稿酬和特许权使用费 4 项劳动性所得，适用统一的超额累进税率。
- 基本减除费用标准适当提高。将综合所得的基本减除费用标准从原每人每月 3 500 元提高至 5 000 元（每人每年 6 万元）。
- 首次设立专项附加扣除。围绕与人民群众生活密切相关的支出领域，将专项附加扣除涵盖范围扩大至子女教育、继续教育、大病医疗、住房贷款利息、住房租金、赡养老人6项。

• 优化调整税率结构。对劳动性所得，以原工薪所得3%—45%七级超额累进税率为基础，拉大3%、10%、20%三档低税率级距，缩小25%税率级距；对经营性所得，在维持原5%—35%五级超额累进税率基础上，扩大各档次税率级距；对资本性所得，保持20%的比例税率。

五是稳步推进房地产税立法进程。2013年11月，《中共中央关于全面深化改革若干重大问题的决定》由党的十八届三中全会通过，明确要求应加快房地产税立法并适时推进改革，将房地产税立法提上议事日程。2014年5月，国土资源部进行了机构调整，在地籍管理司加挂不动产登记局，对自住房的房地产税改革提供重要的信息支撑。2014年11月12日，国务院颁布《不动产登记暂行条例》，自2015年3月1日起施行。2015年8月，第十二届全国人大常委会将房地产税纳入了立法规划。2016年1月，《不动产登记暂行条例实施细则》正式颁布实施，为房地产税的全面施行提供了前提技术支撑条件。2018年，将房地产税立法工作列入五年立法规划。《2019年国务院政府工作报告》提出，要"健全地方税体系，稳步推进房地产税立法"。

六是积极推进税收法定进程。2015年4月，《中华人民共和国税收征收管理法（2015修正）》发布，对于加强税收征收管理、规范税收征收和缴纳行为、保障国家税收收入、保护纳税人的合法权益、促进经济和社会发展具有重要意义。2016年12月，全国人大常委会审议通过《中华人民共和国环境保护税法》，将排污费"税负平移"到环保税，征收对象包括大气污染物、水污染物、固体废物、噪声等。2019年3月5日，十三届全国人大二次会议上，国务院总理李克强在政府工作报告中指出，健全地方税体系，稳步推进房地产税立法。自 2019 年 9 月 1 日起，《中华人民共和国耕地占用税法》开始施行，采取税制平移的方式将《中华人民共和国耕地占用税暂行条例》上升为法律，并对原条例部分内容做出调整完善。

此外，2019 年 8 月 26 日，第十三届全国人民代表大会常务委员会第十二次会议通过《中华人民共和国资源税法》；2020 年 8 月 11 日，第十三届全国人民代表大会常务委员会第二十一次会议通过《中华人民共和国城市维护建设税法》；2021 年 6 月 10 日第十三届全国人民代表大会常务委员会第二十九次会议通过《中华人民共和国印花税法》。一系列税法的颁布实施进一步落实了税收法定原则，极大地推动了我国税收法治化进程。

三、税收行为治理改革中存在的问题

（一）税收制度与经济社会治理适配性有待提高

税制适配性体现在经济社会运行、治理和发展三个层面。从经济社会运行层面看，税收制度的适配性较高，税收总体负担与经济社会的承受能力相适应。我国经济增速这几年连续下滑，经济增长内生动力不足，市场主体经营困难。特别是 2020 年受到新冠肺炎疫情的冲击，全球经济出现了 90 年来最严重的衰退，我国也不例外。与此相应，通过增值税、个人所得税改革以及减税降费，为市场主体减负的力度逐年加大。随着经济增速下滑，税收占 GDP 比重也连年下降，2020 年下降到 15.2%，比 2015 年的 18.2% 下降了 3 个百分点，为历史新低。与世界主要经济体比较，我国的这一数值是最低的。这对阻止经济下滑，促进经济复苏和保就业、保基本民生发挥了不可或缺的作用。

从经济社会治理层面来看，税收制度的适配性不足。税收处于左右为难、进退维谷的境地，很难使社会各方都满意，权衡风险寻找“最大公约数”越来越难。一方面，进一步减税、调节分配、激励人才等呼声不断，似乎税收万能，“一减就活”“一调就好”，高估了税收的作用；另一方面，税基变窄，各种优惠复杂繁多，在社会的多重诉求挤压下，税收的收入功能在弱化，税收调节功能变弱。减税难，不减税也难；调节分配难，不调节分配也难。现代税收制度尚待形成，作为国家治理的基础并不牢固。另外，对纳税人经营、收入、财产等涉税信息的掌握还不充分全面，对纳税人行为的认识还存在盲区。

从经济社会发展层面来看，税收制度的适配性偏低。在促进经济增长方面，税收制度作为营商环境的重要方面仍是短板。在促进产业结构升级和畅通国内大循环，以及促进消费和人力资本积累方面，无论是流转税还是所得税，都需要做出新的制度性安排。发展的根本动力在人，发展的最终落脚点也在人。现代化的核心是人的现代化。税收制度需要从传统的基于财富创造转向基于促进所有人全面平等发展的理念来谋划改革。人本逻辑将是今后税收制度改革的基本逻辑。从中期看，税收制度需要按照新发展理念进行结构性改革，为今后改革奠定基础；从长远看，税收制度需要系统性重构。

（二）税制改革面临新挑战

当前及今后一段时期，我国进入新发展阶段，税制改革面临现代化、数字化、金融化、绿色化、老龄化和城镇化的挑战。税收制度迫切需要通过系统性改革来提升其在新发展阶段的适配性，构建以人为核心的创新友好型、环境友好型的税收制度。

第一，全面建成现代化国家是我们的发展目标，税收收入制度和税收征管制度现代化是必然要求。这一以制度现代化推动物质的现代化和人的现代化的要求，给税收制度理论和税收制度改革带来极大的挑战，因为迄今为止，我们全部的税收理论和税收制度设计都是基于资本逻辑支配衍生出来的物本逻辑，转向基于人本逻辑来构建税收理论和重构税收制度是人类税收史上从未有过的事情。对此，我们应当有足够的思想准备，否则税收在现代化进程中的支柱作用就会塌陷。

第二，作为农业革命、工业革命之后的第三大技术革命，数字化将重塑经济社会体系。适应工业化的税收制度与数字化的适配性将随着数字化的快速发展而不断降低。如增值税是一个典型适用于工业化社会的税种，面对数字化趋势，其适配性将不断下降。在行业边界模糊、制造与服务融合、生产者与消费者一体（消费行为数据成为生产要素）、就业虚拟化（非岗位化）、远程化、非组织化等数字场景下，税源分布和税基确认，以及纳税人、征税对象等都需要重新定义，税收制度将面临重构。

全球数字化带来国际贸易数字化转型，引发了全球税收规则的改变，针对跨境数字贸易的数字税已在20多个国家开征，这给我国税收制度以及参与全球税收规则制定提出了新的课题。基于全球化的“税收国家”不再是一个地理概念，税收到哪里，国家主权就应当延伸到哪里。“税收国家”的边界是重叠的，国际税收分配规则也将是重叠化的，国家税收利益将是你中有我、我中有你的交叉重叠格局。

第三，经济金融化也是不可避免的趋势。金融化是金融交易与实体交易的高度融合，供应链金融的发展就已经反映出这种趋势。金融化与数字化的结合，将使不可交易的资源变得可交易，例如车床等工业装备，场地、检测仪器等资源实现可交易共享。资源资产化、资产证券化，如不动产信托投资基金（REITs），将会超越现有税收制度覆盖的范围，使征税对象、纳税人和税基确认需要重新定义。税收的法律基础也将改变，从以所有权为基准转向以使用权为基准。

第四，生产生活的绿色化低碳化，社会的老龄化、少子化对税收制度改革提出新的要求。欧盟预计在2023年开征碳关税，将倒逼我国加速税制绿色转型。老龄化带来社会成本急剧上升，通过社会财富的金融化来支撑养老，加快养老第三支柱建设，需要税收制度来引导，居民金融资产、房产等财富向养老方向配置需要税收制度来助力。

第五，城镇化趋势意味着税源的空间配置将发生大的改变。随着市民比例的不断提升，中心城市、都市圈和城市群日渐成为发展的主体形态，税收制度的全国统一性和区域差异性协调难度加大，体现区域特点的地方税建设变得日益紧迫。农民市民化的特点将使纳税人的居住地原则面临挑战，降低税收制度的适配性。

第三节　基于行为风险治理框架进行税制改革

一、以系统性思维做好整体税收治理设计

税收行为治理体系包括税法、司法、执法和守法四个基本环节，以及税收收入、税收征管两套制度。一是通过各个税收行为主

体及要素，如纳税人、征税对象、税率等，组合形成不同税种及税种搭配，构成税收系统。这个系统要纳入经济社会这个大系统以及全球化之中进行整体设计。二是坚持收入功能为主，调节功能为辅。税收对分配、行为的调节作用不能独立存在，应蕴含于税收的收入功能之中。撇开收入功能，只强调强化税收调节功能，实际上是缘木求鱼。三是坚持稳中求进，重点突破。税收牵涉各方面的利益，只有稳，才能进，也只有抓住重点，才能取得改革成效。此外，在改革方式上，避免零打碎敲，不搞分步实施，设计方案一旦成型，选准时机，实施一步到位。除了区域性很强的税种之外，税制改革整体上不宜搞地方试点，可借鉴 1994 年税制改革的做法。在不稳定性、不确定性因素明显增加的形势下，也不宜搞分步实施，因为这种做法并不利于全国统一大市场的形成和微观主体预期的稳定。

二、准确理解税收的调节行为与功能

改变税制改革“只能全面减税、不能增税”的观念。近年来实行的减税降费增强了税制与经济社会运行状况的适配性，但拓宽税基才是保证竞争公平和社会公平的基础。有了这个基础，才谈得上量能负担的税收公平。从当前看，资本性收益大范围免税，缩小了税基，也导致劳动缴税与资本缴税的不公平。比如，有害品的消费税、奢侈品消费税以及资源性产品的消费税，都有较大增税空间。

税收的调节功能是从收入功能中衍生出来的，不能独立存在。其调节功能大小，取决于收入功能强弱。如“收入分配差距大”问题，有观点认为是税收调节不力的结果，主张用高的边际税率来调节高收入。且不说我国个税比重不到 10%，即便是个税占比高达 40%、高度重视税收调节功能的国家，也没有解决贫富差距扩大的问题。通过再分配环节的累进税来缩小贫富差距，短期看有效，长期看效果不大。促进共同富裕，需要从初次分配环节的起点公平、机会公平和规则公平入手，从人的能力和群体性鸿沟的缩小入手，仅仅依赖税收的调节功能显然作用有限。

三、从税收行为关联出发形成一揽子方案

着眼于经济社会大局，从税收制度与财政体制各个行为主体之间、各个税种之间的关联性出发，形成一揽子的改革方案。

一是应充分考虑中央与地方财政关系改革的要求。增值税与地方分享，实施成本高，在税源与税收日益背离的趋势下，给区域协调发展等带来越来越大的困难。从中期看，增值税应是中央税，而地方税应以消费为税基，要增强税制及地方行为与扩大内需战略、人口流动的适配性。各个税种之间的搭配，要做趋势性的动态关联设计，不应局限于当前情况下税种之间的静态关系，形成税制要素之间较好的耦合性。

二是税收收入制度与税收征管制度需要联动设计。数字化和金融化趋势在给税收征管带来机遇的同时，也给收入制度的设计带来挑战，纳税人、征税对象、税基甚至税种关联都需要重新考虑。

三是增值税改革应与消费税等税种改革关联起来。增值税与工业经济实体性特征的适配性较好，而与数字经济的非实体性特征难以适配。在1.3亿户市场主体中，增值税一般纳税人只有1 100多万，数字化经济的发展还会使这一数字进一步缩小。增值税也是广义的消费税，今后将演变为普遍征收的零售环节的消费税。同时，我国特种消费税的演变趋势也将是零售环节的消费税，也就是说，零售环节的消费税将成为一个替代增值税的主体税种。零售环节的

消费税税基宽广，有稳定税源，而且随着生活水平和生活品质提高，还会不断扩大。“消费多，多缴税；高消费，多缴税”，也蕴含调节分配的功能。“十四五”期间，可考虑扩大消费税征收范围，同时弱化增值税的收入功能，两者实行联动的替代性改革。

四是个人所得税、法人所得税联动改革。个税潜力很大但税基窄，综合征收局限于劳动所得。劳动与资本所得边界模糊、生活成本与企业成本难以分辨又给高收入人群提供了“合理避税”的空间，弱化了个税收入功能和调节功能。这就使征管被迫代行了一些税制功能和政策功能。因此，个人所得税改革应与退休年龄延长、养老第三支柱的建立关联起来设计。

第七章　国家治理现代化背景下行为风险治理的财政改革路径

党的十八大以来，财政改革全面发力、多点突破、纵深推进，为经济社会高质量发展、推进国家治理体系与治理能力现代化提供了坚实保障。但是，若将其置于促进国家治理效能转化的视角以及政府、市场、社会三维治理坐标系中看，依然存在不少困难和挑战，掣肘财政改革的进一步推进。未来财政改革应基于行为主义视角下公共风险治理的总体思路，即通过确立行为风险治理框架来化解改革的不确定性，同时在充分认识风险理性的基础上进行财政行为治理，引导不同行为主体的行为预期，建立不同行为主体之间的责任分担和风险分散机制，实现公共风险最小化。

第一节　国家治理现代化背景下财政改革的基本评价

2013 年 11 月，党的十八届三中全会提出“国家治理体系和治理能力现代化”的重大命题，并将财政定位为国家治理的基础和重要支柱，首次明确提出我国深化财税体制改革的路径方向，即构建现代财政制度。党的十九大报告做出“中国特色社会主义进入新时代”的重大判断，并做出“加快建立现代财政制度”的部署，既是中国特色社会主义进入新时代的必然要求，亦是在对党的十八届三中全会以来财税体制改革进程做出恰当评估的基础上做出的战略抉择。

一、国家治理背景下财政改革的特点

新时代财税体制改革，是在全面深化改革背景下实施的，与

1994 年启动并延续多年的财税体制改革明显不同，它“不是政策上的修修补补，更不是扬汤止沸，而是一场关系国家治理现代化的深刻变革，是一次立足全局、着眼长远的制度创新和系统性重构”。

一是新时代财税体制改革的基本任务是围绕实现国家治理体系和治理能力现代化的总体改革目标，通过财政体制、预算和税制三大方面的改革，加大力度保民生、调结构、稳增长。

二是作为新时代财税体制改革的基本目标，现代财政制度有其鲜明的时代特征和中国特色。现代财政制度不断适应我国经济社会的变化和特点，贯彻中国特色社会主义发展的战略安排，发挥其在优化资源配置、提供公共服务、调节收入分配、保护生态环境、维护国家安全等方面的职能，支持打好防范化解重大风险、精准脱贫、污染防治的攻坚战，深化供给侧结构性改革，助力转变经济发展方式、维护市场统一、促进社会公平正义。

三是“四梁八柱”的设计和“一体两翼”的路径体现了整体性改革思路。新时代的财税体制改革，在整体的制度设计层面，解决普遍性、支撑性问题的制度层面的改革框架即“四梁八柱”已经确立，形成了中央和地方财政关系改革、预算制度改革、税制改革“一体两翼”改革框架，且已取得实质性进展，但距离整体性、系统性重构的整体性改革目标实现还任重道远。经过几年的实践，财税体制改革的顺序从党的十八届三中全会提出的按照预算、税制、中央和地方财政关系三个方面并行的路径推进财税体制改革，到党的十九大提出按照中央和地方财政关系、预算、税制“一体两翼”的推进方式，将构建中央和地方财政关系摆在首位，这不仅是一个摆布顺序的问题，还反映出财税体制改革应有的逻辑和路径顺序。财税体制改革按照原先提出的预算、税制、财政体制的顺序依次进行，这与实际情况不适应，事实上很难有效地协同推进，使改革陷入原地转圈的境况。党的十九大报告对此做出了及时修正，将三者视为整体，以中央和地方财政关系为主体，以预算改革、税制改革为两翼的方式来推动整个财税改革，达到“一体两翼”的效果。以中央和地方财政关系改革为主体，特别需要进行中央与地方的事权、财权的改革，理顺各级政府的职责。在财政改革中，中央与地方的这种财政关系越来越成为主要的矛盾和问题，所以它必须排在首位，做整体的谋划。

二、取得的成效：现代财政制度框架基本确立

党的十八大以来，我国连续10年实施积极的财政政策，扩大政府投资规模，实施大规模减税降费，财税体制改革全面发力、多点突破、纵深推进，为经济社会高质量发展提供了坚实财力保障。财税体制改革加快推进，预算管理制度更加完善，税制改革取得重大进展，推动加快构筑现代市场体系，推进国家治理体系与治理能力现代化。

（一）现代财政制度功能得以完善

优化资源配置、维护市场统一、促进社会公平、实现国家长治久安，可被视为现代财政制度的四大特征或可称为财政的四大功能，也是新的历史时期评估财税体制改革的标准。尤其在我国经济已经迈入新常态的当下，财政收入增速也逐渐减缓，而人口老龄化、贫富差距代际传递、经济结构调整、生态环境保护等各种风险不断凸显，财政化解公共风险面临较大的压力。要实现全社会公共风险的化解，同时实现国家在构建新发展格局以及重构社会关系中的作用，就必须使国家这个主体拥有与之相对应的国家能力。国家

能力主要表现在社会资源汲取能力、政治渗透能力和危机解决能力等方面。这些能力的提升都要依靠财政的支撑性力量。推动财政改革的纵深发展，就必须谨慎权衡财政风险与公共风险之间的关系。这涉及财政规模与财政结构的优化问题。既要通过结构性减税来实现稳增长的目标，确保经济高质量发展，又不能降低政府公共服务和化解公共风险的能力，防止社会风险扩大。

对照上述几个方面来评估，当前的改革已经阶段性完成改革目标，相关功能得到了完善，现代财政制度的职能作用得到了初步发挥。例如：通过设立政府引导资金、PPP、政府购买服务等方式，优化财政资源配置；通过营改增改革，从制度上解决货物和服务税制不统一和重复征税问题，促进社会化分工协作，激发企业活力，优化产业结构，维护市场统一；通过推进基本公共服务均等化，缩小全国各地的投资和消费水平的差距，促进社会公平；通过税收法定、预算法定等改革，消除隐患，避免公共风险和危机，为实现国家的长治久安奠定基础。

（二）牵引、辐射和倒逼其他领域改革

新时代财税体制改革是财政第一次从根本上回归国家治理体系的应有位置后，作为全面深化改革的重点领域和基础工程来部署的。财税体制改革之所以成为重点改革领域和基础工程，原因无非在于全面深化改革是五位一体和党的建设等各个领域改革的联动性改革。其中，作为国家治理的基础和重要支柱，财税体制的制度性安排体现并承载着政府与市场、政府与社会、中央与地方等多方面的基本关系，对政治、经济、文化、社会、生态文明和党的建设等领域的体制格局有着深刻影响。因而，在国家治理的总格局中，财税体制是一个具有“牵一发而动全身”之效的关键性和基础性要素。

经过几年的改革，财税体制改革的基础性、支撑性作用已初步显现，对其他领域改革的牵引、辐射和倒逼作用也初露端倪。尤其在供给侧结构性改革中，去产能、去库存、去杠杆、降成本和补短板这五大方面，财税改革均在其中发挥了积极作用。此外，为应对经济下行压力，中央适当提高财政赤字率，扩支减税，避免经济失速风险等。

（三）促进国家治理体系与治理能力现代化

促进国家治理体系与治理能力现代化财政领域取得的成果主要有：

一是现代税制体系初步建立。增值税改革简并税率档次、降低税率水平，稳步实施留抵退税制度、启动增值税立法工作，一个更加公正、简明、高效的增值税制度逐渐成形。其他领域的税制改革也稳步推进。提高综合所得基本减除费用标准并适用新税率表，实施个税专项附加扣除，综合与分类相结合的个人所得税制度初步建立，有效地发挥了调节收入分配、促进社会公平的重要作用；资源税、环保税、企业所得税等“多税共治”的绿色税制体系逐步完善，为绿水青山“拉起保护网”。

二是预算制度改革迈出坚实步伐。党的十八大以来，持续完善预算分配机制，健全政府预算体系，强化预算编制、执行、公开和绩效管理，实施中期财政规划管理和跨年度预算平衡机制；进一步规范政府举债融资机制，推动建成地方政府债务“借、用、管、还”闭环管理制度体系。强化预算管理，不断提高财政资源配置效率和财政资金使用效益，真正把钱花在刀刃上。2022 年 3 月，102 个中央部门（单位）公开部门预算。这是中央部门连续第十三年公开“账本”，把部门资金运行放到全社会监督之下，推动打造“透明政务、阳光政府”。

三是权责清晰、财力协调、区域均衡的政府间财政关系日益完善。稳步推进中央与地方财政事权和支出责任划分改革，逐步调整完善中央与地方收入划分，改革和完善中央对地方转移支付制度，使中央财政事权、地方财政事权、中央与地方共同事权划分更加明确，更好地保障各级政府履职尽责和推进基本公共服务均等化。政府间财政关系改革是涉及面广、利益关系复杂的重大改革，通过近年的改革，事权与支出责任更加匹配，对促进国家治理体系与治理能力现代化、实现国家长治久安具有重要意义。

三、提升国家治理效能，财政改革仍在路上

如前所述，财政改革取得了很大进展，但若将其置于促进国家治理效能转化的视角和将其放入政府、市场、社会三维治理坐标系中来看，依然存在不少困难和挑战，掣肘财政改革的进一步推进。从某种意义上说，改革也是一场革命，改革面临的最大挑战是不确定性及其引发的风险。财政改革涉及国家治理的方方面面，范围广泛、问题复杂，遇到的阻力也多。总体来说：

一是如何权衡财政风险与公共风险。当前我国经济进入新常态，人口老龄化、贫富差距代际传递、经济结构调整、生态环境保护等风险开始显现，但财政收入增速不断减缓，因此财政化解公共风险的压力很大。化解全社会公共风险，实现国家在推动现代经济发展和社会关系重构中的作用，就必须使国家拥有与之相称的国家能力。国家能力主要体现为资源汲取能力、政治渗透能力和危机解决能力。所有这些能力的提升都要依靠财政活动加以支撑。推动财政改革，就必须权衡财政风险与公共风险的关系，就需要在财政规模和财政结构的优化方面下功夫，保证经济社会稳定发展。

二是如何处理民生与发展的关系。当前，容易出现两个误区：一个误区是过分追求发展的速度和规模，忽视民生问题的解决，陷入为发展而发展的误区，偏离了本原的目标；另一个是过分强调改善民生的力度和时限，把促进发展的必要资源过多地用于当下民生问题的解决，陷入杀鸡取卵的误区。一旦落入这两个误区，就无法处理好民生与发展的关系，产生另一种公共风险：既不能实现良性发展，也不能从根本上改善民生，从而背离可持续发展和长治久安的战略目标。

三是如何形成财政改革合力。凝聚各方面力量，推动财政改革纵深发展，必须从长期、整体分析出发，防范和化解我国经济社会发展过程中面临的各种公共风险。还应该分析如何让政府之手与市场之手形成合力，公共部门之间形成合力，经济资本与社会资本实现有机结合的相关问题。

第二节　以行为风险理性形成财政改革预期

行为不协调、预期不稳定、无轨迹行为运动会产生不确定性和风险，进行改革、防范风险就是要引导行为。行为主体之间是有责任、权利和风险分配的。财政制度设计和政策制定就是为集体行为提供预期、改善预期、稳定预期。短期做法是通过财政政策转化，长期做法是通过财政治理，采取新的行为规则，形成新的行为预期，使各个行为主体各自改变自己的行为方式，从而达到国家治理的长治久安。

一、从确定性思维转向不确定性思维

从历史的视角和现实情况来看，我们现有的知识体系是以确定性思维为基础的，这样的思维基础是不能应对不确定性的。它会让人有一种感觉，就是一切都是确定的，这也会导致一些想法或思维，认为一切都是理所当然的，就应该是这样的。这样的思维方式只会增强人们对一定条件下存在规律的认识，而不会使其有风险意识和避险行为，因此也就造成了在相关制度和政策的设计时较少考虑风险，那也就无从应对不确定性和防范风险。当然，从现实来观察，社会中某些个体的风险其实正在或者说已经形成“理性”，可称为风险理性。比如，企业会有避险行为，有风险理性；再如，银行和金融机构，会有金融风险防控等。但是，从集体来看，公共风险理性尚未形成，甚至可以说是缺失的。

财政作为防范和化解公共风险的防御机制安排，其改革的最终目标是有效化解公共风险。这需要我们转变思维方式，或者说建立一种新的思维方式，即从基于确定性思维的实体理性转向基于不确定性思维的风险理性。基于确定性思维的实体理性，是确定出现问题甚至是危机了，才去救急或治理，是一种古人说的“治已病”的层次；而基于不确定性思维的风险理性，是在问题和危机尚未出现之时就未雨绸缪、防患于未然，这是一种“治未病”的境界。

二、从“路径依赖”转向“行为遵从”

过去的财政管理或治理，更多地是用制度来约束政府的行为，从而控制财政收入与支出的规模和结构，而一般来说，由于存在信

息的不完备和不对称，制度的设计者很难掌握全面精准的信息，导致其仅靠所能够获取的有限信息或部分信息，用相对确定的方式来进行制度设计。这样的制度其实是一种基于确定性的规则，但现实中，信息的复杂性导致现实的复杂程度往往与制度设计的最初目标不一致，甚至背道而驰，从而出现制度失效或失灵。之所以会出现这种结果，是因为很难精准地获取或把握行为的不确定性。制度是所涉及的行为主体各方都共同遵守的行为规则，基于确定性思维的思维模式无法与公共风险的不确定性进行有效匹配，这样就导致政府的行为总是会越过制度规则的限制或边界，也可以称为一种公共管理制度的失效或失灵。因此，国家治理应更加关注政府应对公共风险的不确定性行为。

不同的行为主体在既定制度下一般会有既定的行为选择，而在制度没有发生大的变化时，各个行为主体的行为会具有一定的“行为惯性”，或者也可称为“路径依赖”，这也体现了各个行为主体对现有制度或规则的一种遵从。但是，制度环境是处于变化之中的，如果个体看不清变化以及因为变化而导致形成的趋势，保持原有的“行为惯性”的话，就会给自身带来不确定性，如果多个个体都是这样，就会成为一种集体的行为惯性，带来集体的不确定，进而扩大公共风险。

因此，应对现代社会的不确定性问题，应站在行为主义的角度分析行为不确定性的来源，确立行为主义的财政治理模式。这种治理模式就是对风险责任的边界进行界定、对公共风险进行有效精准的识别、利用多元行为主体对公共风险进行共治，通过对风险的共担、分散、转移与转化，优化整个政府的治理体系，这才是财政行为治理之道，即充分体现各方行为主体的信息传递和行为预期，增强各个行为主体对制度的遵从度，进而提高制度的执行力。也可以这样理解，在制度设计中，纳入各种不确定性和风险因素，从而达到减少不确定性和防范化解公共风险的行为目标。

三、以行为主义提高制度遵从度

风险社会的不确定性导致公共管理“制度失灵”，失灵的根源在于难以把握行为的不确定性。作为风险的来源，行为不确定性的来源是基于四个背离：动机与结果的背离、个体与整体的背离、惯性与趋势的背离、外部性与内部性的背离。正是这四类背离导致各种风险的产生，并且影响到现有财政管理制度的实际效果。

一是动机与结果的背离。制度在设定之初大都充满了理想化色彩，制度制定者的动机都是好的，但为何制度执行的结果不尽如人意？主要原因是制度制定时所处的状态和现实中的环境并非完全一致。现实是复杂多变的，而且财政管理不仅是财务行为，还内含行政行为，制度制定者自身所具备的信息、知识、认识等都有一定的局限性，不完全信息下制定的制度多为不完备合约，加之事前难以预判制度涉及利益各方的行为反应，最终使得制度的动机与结果常常出现背离。

二是个体和整体的背离。个体和整体的背离主要源于个体理性和集体理性的冲突，个体目标和集体目标并非总是一致，从而产生了个体行为利益最大化目标的追求与集体行为利益最大化目标的追求出现偏离。

三是惯性与趋势的背离。行为主体在一定的制度环境下往往有特定的行为选择，在制度没有发生大的变化时，各类主体的行为具有一定的惯性，在某种程度上讲，这种行为惯性有其合理的一面，体现了各方对现有制度的遵从，或是对一种非正式规则的遵从；但是外部环境总在发生变化，尤其是一些趋势性变化，例如中国经济进入新常态以后，随着国家法治化进程的推进，社会各方的法治意识都空前高涨，正式规则的覆盖面不断增加，如果个体看不清趋势而因循守旧保持行为惯性，就会带来一定的不确定性，进而会造成公共风险的扩大。

四是外部性与内部性的背离。从产权理论看，内部性是由交易者所经受但没有在交易条款中反映的利益和成本。产权虽然在法律上可以清晰界定，但在事实上无法完全界定清楚，而未界定的产权便会作为公共财富被置于公共领域。于是，交易双方可以凭借其信息优势而过度攫取公共领域的财富，就会给处于劣势的交易另一方带来在交易合同条款中界定的成本，这就是所谓的内部性。当然，不同行为主体，其行为会产生的外部性和内部性不同，行为外部性是对不涉及交易的第三方造成的影响。政府行为的正内部性和负外部性，或是政府行为的负内部性和正外部性，其他主体也会有类似问题，加上现有制度对正内部性和正外部性激励不足，这些都加剧了制度设计的困境。

应对现代社会的不确定性问题，应站在行为主义的角度分析行为不确定性的来源，厘清行为动机与结果的背离、个体与整体的背离、惯性与趋势的背离、外部性与内部性的背离问题，确立行为主义的财政治理模式。通过优化政府治理体系，明确界定风险责任、更加有效地识别和预警公共风险、更多地利用市场和社会的力量协同治理公共风险，通过分散风险、共担风险、转移与转化风险，适当减少政府应对公共风险的责任，才是财政治理之道。当然，行为主义不排除制度设计，行为主义指引下的制度是一种良性的、务实的制度，能充分体现各个利益主体的互动、信息传递、预期，让制度变得更加可靠，增强各方行为对制度的遵从度，提高制度的执行力，通过将各种不确定性以及风险因素纳入制度设计来减少不确定性和防范化解风险，或将不确定性转化为可以预见的风险，以此来建立财政治理模式组合，从而全面提升政府公共风险治理体系和能力。

四、以行为风险理性进行制度设计

财政改革和行为设计是一种利益分配、责任分配和风险分配的逻辑。应在财政的改革中注入行为理性，遵循行为风险决策、行为风险分担和行为风险匹配这三项原则，进行财政改革行为规则和制度设计。

（一）行为风险决策

财政行为规则和制度设计，应有利于实现公共风险最小化。比如，在政府间财政关系改革中，公共风险最小化的目标适宜在哪一级政府决策和制定，那么公共事务的决策行为权限就交给哪一级政府，并应根据公共风险的变化做动态调整，让中央和地方政府都成为行为治理主体和风险承担主体。又如，在政府预算制度改革中，预算编制应基于对未来公共风险的情景预判，以公共风险最小化为依据；预算执行从“促进经济发展”转变为“防范公共风险”；预算监督应以公共风险化解为导向，将公共风险评估与监管作为预算监督的重要标准；预算绩效管理也应是全面的行为风险管理。

（二）行为风险分担

作为集体或共同体中的一员，行为主体应当对风险有所分担，这是实现公共风险最小化的条件。如果各个行为主体都不分担风

险，都依赖其他行为主体去承担，那最终就是没有主体承担或者即使有主体，也承担不了。当然，公共风险的类型不同，应由不同层级的行为主体来分担，这也有利于控制风险。这与第一条风险决策其实是相对应的。

（三）行为风险匹配

这是投资领域常用的原则，即投资时收益与风险的最优匹配，就是在一定的风险下追求更高收益，或者在一定收益下让投资的风险更低，其实就是对风险如何进行有效控制。公共风险也同理，比如中央与地方事权划分，应该根据风险类型，把风险匹配给最适宜承担的那一级政府；在政府预算治理中，应基于对未来的公共风险的情景预判或分析来编制预算，以实现风险匹配，从而更有效地应对风险、控制风险、防范化解风险。

第三节　实现各行为主体治理的激励相容

行为主义视角下的国家治理体系与治理能力现代化，应把公共风险最小化作为财政改革和行为设计的目标和基点。

一、明晰各行为主体的风险责任

过去大多是出现了危机才去应对，这是一种事后管理。风险管理是一种全过程的管理：事前识别并预测风险、事中跟踪监控风险、事后化解和应对风险。现代经济、社会危机的代价越来越大，重大危机已成为国家治理不可承受之重，危机管理方式对国家治理的冲击需要付出越来越多的资源来化解与应对。因此，应当通过财政事权与支出责任的合理划分明确各级政府、各个部门的风险责任，避免风险主体责任缺位；通过赋予地方政府更大的自主权限，打破“中央政府”兜底所有风险的预期，使各级政府成为现代经济体系和共享共治社会治理格局中真正的公共风险主体；逐步强化地方政府的风险意识，实现中央政府与地方政府在风险管理方面的“激励相容”。

二、实现国家治理的公共风险最小化

社会福利最大化的目标追求，是为防范风险而设计的，但过度的社会福利又带来新的风险。社会福利是防范公共风险的手段，而不应是政府治理或财政改革的目标。作为手段的社会福利是与公共风险最小化目标一致的，作为目标的社会福利则容易忽视公共风险因素，最后形成“防范风险的风险”和“应对危机的危机”。一些国家就因过度追求社会福利而陷入“中等收入陷阱”，或暴发财政、金融危机。公共风险最小化是兼容社会福利，又避免社会福利最大化目标缺陷，更加符合国家治理现代化要求的目标。一定程度上，公共风险最小化与社会福利最大化是一个硬币的正反面，公共风险最小实际上就是社会福利最大，社会福利最大就要求把公共风险控制在最低程度。公共风险最小化所追求的社会福利最大，是自然与社会资源所能承受的社会福利，而不是不加限制的社会福利，既有助于社会福利的实现，也能够避免过度追求社会福利带来的风险。因此，财政改革应当避免各地区、各群体间的福利攀比，合理引导社会预期，重在“兜底线”。我国历史上就有“不患寡而患不均”

的传统思想，在一定程度上，社会福利差距大比社会福利少风险更大。公共财政应当以基本公共服务均等化，为全体国民提供大致均等的基本公共服务为目标。对于基本公共服务，应由中央政府根据国情、经济社会发展水平在全国范围内确定标准和浮动区间，由地方政府根据辖区实际在标准上下确定浮动系数。

三、发挥财政的综合平衡功能

“财”字代表收支，“政”字则代表政策，财政管理实际上是政府收支政策的管理。传统的财政管理重收支、轻政策，收支管理规范、细化，政策管理偏弱，导致财政的综合平衡能力没有充分发挥，在难以有效应对重大结构性失衡问题的同时，一定程度上也影响了财政收支的平衡。政府的所有活动都与财政收支相关，所有的财政收支都体现为公共政策，财政不能把收支管理作为主线，尤其是在财政定位为国家治理基础与重要支柱的新形势下，应把财政收支管理融入整体的国家治理，以国家治理的要求设计财政政策，发挥财政的综合平衡功能。这不仅不是对财政收支管理职能的弱化，反而有助于更加高效、更加协同、更高层次地履行财政收支管理职能。在推进国家治理能力与治理体系现代化的改革目标下，财政管理应当更加突出综合平衡，不仅更加有效地协调各级政府、各部门的财政收支，也应更加重视各地区、各部门间的政策、制度与管理的协调，重视政府、市场与社会之间的协调与平衡。

四、注重结构失衡和利益冲突风险的化解

我国已成为全球第二大经济体，庞大的基数之下，经济增长速

度下滑在所难免，受各种内外部因素影响的经济总量的波动也属正常，可控范围内的增速下滑与总量波动已经不是公共风险的主要来源。发展不平衡、不充分，发展的质量和效益不高，生态环境问题，民生领域的短板，社会利益格局的固化等已成为新时期公共风险的主要来源。新的社会矛盾的解决要靠经济总量的增长，更要靠经济结构的优化、利益分配的均衡。财政作为国家治理的基础和重要支柱，财政政策作为国家治理的工具，就应在调节经济总量的同时，更加关注结构与利益的调节。此外，我国经济总量越来越大，总量调节需要的财政支出扩张度越来越大，地方政府债务水平高企、财政风险积聚，财政支出扩张的空间却越来越有限。靠财政扩张刺激经济总量增长的道路越来越行不通，但发展不平衡、不充分的矛盾又需要积极的财政政策来应对。这就需要积极财政政策进行转型，在控制财政支出扩张的前提下，通过减税降费、盘活存量财政资金、优化财政支出结构、提高财政支出效益等方式，调节重大结构性失衡问题，调解重大社会利益冲突问题。化解了结构失衡和利益冲突风险，经济总量的持续增长也才有了更为坚实的基础。

第四节　建立不同行为主体的风险分散和风险约束机制

财政治理涉及多个相关行为主体，各行为主体的利益诉求不同，行为目标不同，风险意识不同，应对能力不同，导致其具体行为也不尽一致。治理强调的是使多元行为主体之间的竞争转化为发展的合力，而不是阻力。为了应对不确定性，唯有深化改革，才能

从根本上提升政府汲取财政资源、履行公共职能、承担公共责任的财政能力，进而提升政府防范风险、应对风险、化解风险的能力。深化财税改革应以防范和化解公共风险为目标，处理好三个关系，即政府与市场、政府与社会、中央与地方的关系，明晰职责与风险分担，引导各个行为主体的行为和社会预期，分配和分散风险。

一、不同行为主体的风险分散机制

（一）政府与市场行为主体之间

财政风险程度取决于政府拥有的公共资源、支出责任与义务的不确定性，以及相互的匹配度，而公共资源、支出责任与义务的不确定性大小与特定历史条件下的政府与市场关系有着内在的关联性。深化改革，转变政府职能，实质上是政府与市场之间进一步的经济性分权，这样有利于建立两者之间合理规范的职责分担和风险分散机制，充分发挥市场的“自组织”行为功能，让市场更有效地配置资源，从而形成两者之间的最大发展合力。

（二）政府与社会行为主体之间

政府责任和义务的不确定性不仅与经济结构有关，而且与社会结构及其支配下的社会心理有关。包揽过多的“全能型”政府会强化和推升社会公众对政府的过高行为预期，政府的支出责任和义务就会被放大化或者大大扩展。深化社会领域改革，推动政府和社会之间的社会性分权，有利于在两者之间建立起一种合理的、规范的责任分担机制，风险分散机制，从而有利于发挥社会的“自治理”功能，让社会有更大行为空间，在公共服务提供和社会秩序治理中更多地实现自我管理、自我约束、自我供给，更多地体现社会共享共治。

（三）中央与地方政府行为主体之间

各层级政府间事权划分不清晰，导致各级政府主体之间支出责任不清，面临的风险压力和风险防范能力不匹配，实质上是“风险大锅饭”。通过中央向地方适度分权，让地方成为有效的、相对独立的治理主体，有利于加快推进构建中央地方两级治理体系，在央地之间构建起合理规范的责任分担机制、风险分散机制。依据公共需要、公共风险的层次性，合理划分事权，合理配置各级政府的财权，逐步健全地方税体系，提高地方政府行为治理水平和财政平衡能力。

二、不同行为主体的风险约束机制

国家治理视角下，财政风险是公共风险转化的产物，其风险大小与制度变迁的速度有关。我国的财政风险处于发散状态，原因在于制度缺陷导致的“风险大锅饭”破坏了收益与风险对称的规则，今后改革的重心在于建立不同行为层面的风险约束机制。

（一）防范财政风险与公共风险的转化

财政风险来源于公共风险的转化，而公共风险的形成是一个社会契约的形成过程，是一个慢变量。当多数社会公众认为私人风险应当由政府出面救助或承担最基本的支出责任时，私人的事情就变成了社会的事务，即私人风险就变成了公共风险。在此，依然通行“多数原则”。这种偶然的救助一旦变为法律的规定，就成为政府法

定的公共责任与义务。贫困、失业在历史上曾经是纯粹个人的事情，在现代社会，都需要政府给予最基本的救助。反贫困、反失业已经成为世界各国政府共同的责任和义务。这种变化表明，一个新的社会契约——政府有责任和义务帮助穷人和失业者——形成了。这就是说，社会公众形成了一种共识：现代社会的贫困、失业不再是单纯的私人风险，而是会影响社会全体成员的公共风险。

对政府财政来说，它应该且只是承担公共风险。财政风险是政府承担和化解公共风险过程中可能出现的一种结果。既然财政风险来源于公共风险，那么在既定的制度框架内，它不能被转移，也不能被分散。如果能转移和分散，那也就不需要财政来"兜底"了。这种性质决定了防范财政风险不能采取类似企业风险管理的办法，而只能从制度变迁来寻找根本出路。

由于制度变迁不是一个快变量，这使财政风险往往无法及时、动态地化解。加上财政风险本身具有隐蔽性，因而很容易导致风险累积，增大风险压力。这使财政风险的暴发呈现突发性特点。不暴发则已，一旦暴发成为财政危机，就具有很大的破坏力，对经济、社会产生难以估量的严重后果。就此而言，无论怎样去警惕财政风险，都是不为过的。

（二）明晰各级政府的风险责任

防范政府财政风险的根本途径在于加快改革的步伐，这既包括经济体制的改革，也包括行政体制的改革。通过制度创新来弥补现行体制的内在缺陷。在进一步完善激励机制的同时，要建立覆盖社会经济生活各个方面的风险责任约束机制，打破"风险大锅饭"，使社会每一个成员、每一个机构、每一级政府、每一个部门和单位都有明晰的风险责任，形成一种具有法律效力的风险分担机制。这样，社会经济生活中的各种风险就可以在相应的层次和相应的环节化解，抑制道德风险，减少风险的积聚和集中，从而达到控制财政风险的目的。

清晰界定各级政府之间的风险责任，防止下级政府随意地向上级政府转移自身应当承担的财政风险。对于最低限度的不可避免的救助，应建立一种制度安排，让下级政府清楚地了解在什么样的情况下上级政府才会救助，强化各级政府规避风险的动机，提高其防范风险的努力程度。

在优化政府各部门职责配置的基础上，重新审视政府部门之间的财政关系，明确各个部门的风险责任。对于融资、担保等财政经济行为应在统一的框架下实施，建立统一的规则，防止部门各行其是，偏离整体目标。建立新的政府评价机制，从时间上明确各届政府之间的风险责任，防止政府隐藏任期内风险，或向未来转移风险。

（三）以财政风险对冲公共风险

当前，我们正处在风险社会之中，各类风险交织演变，形成对经济社会的巨大冲击。就公共风险而言，其严重程度主要取决于政府拥有的公共资源、支出责任与义务的不确定性以及相互的匹配度，而公共资源、支出责任与义务的不确定性大小又与特定历史条件下政府与市场的关系有着内在关联。如果不能有效地平衡好财政风险与经济、社会、生态等公共风险，很可能引发严重的社会危机，甚至政治危机。

因此，财政改革的关键在于寻求财政风险与公共风险之间的有效权衡，探索“双向兼顾”的风险合理分配。近年来，我国运用财政风险对冲公共风险的实施路径不外乎提高财政赤字率、发行特别国债、增加地方政府专项债券规模、出台一揽子减税降费政策，等等。

这些措施对于防范和化解公共风险是有效的和必要的，但必须基于财政可持续视角来厘清应对外部冲击的财政政策逻辑。这在新冠肺炎疫情背景下显得尤为重要。疫情暴发以来，财政更加积极有为，先后针对个人、企业、机关事业单位等出台了一揽子政策措施，有效应对内外部冲击，支持疫情防控取得重大战略成果。与此同时，积极财政政策必须保持连续性和稳定性，确保财政的自我循环能力。

从风险对冲的视角来分析财政改革，需注重从整体上防范化解公共风险。财政改革不仅要关注短期经济风险，还应注重防范化解中长期经济风险；不仅要关注经济领域的公共风险，还需注重防范化解社会、生态环境等领域的公共风险，同时还应避免因实施积极财政政策而引致新风险，即“对冲风险的风险”。从风险构成来看，财政可持续性是由财政收支的平衡性、债务规模、利率水平以及未来风险来源等因素共同决定的，是一个多维度、跨时空、系统性的动态概念。因此，构建以整体性、系统性、长期性为特点的行为风险分析框架，能够最大限度地避免风险盲区，为财政的可持续发展带来更大确定性。

第五节　基于行为风险治理新框架进行财政改革

一、以整体治理布局财政改革

我国是全球第二大经济体，地广人多，区域间差异大，同时在国际事务中发挥着举足轻重的作用。财政改革不仅要突破国内地理维度的局限，还应有国际视野，体现大国的意识与担当。从世界上其他大国看，财政都不仅仅发挥收支管理的作用，还是国家综合治理极为关键的一环。因此，财政改革必须整体布局，系统推进。

（一）在“五位一体”总体布局中谋划财政改革

党的十九大提出了社会主义经济建设、政治建设、文化建设、社会建设及生态文明建设“五位一体”总体布局，是新时代我国国家治理的指导，也是财政改革的根本遵循。过去我们常把财税体制改革作为经济体制改革的一部分，相关政策文件中也是把财税体制改革与市场化改革、金融体制改革、国有企业改革放到一起，共同作为经济体制改革的重点内容。这是财政改革到一定阶段，关键改革内容难以推进、落地的重要原因之一。国家治理现代化下的财政改革，必须突破单纯作为经济改革部分的思维框架，把财政改革置于“五位一体”总体布局中整体谋划，以财政改革促经济建设、政治建设、文化建设、社会建设及生态文明建设，同时以上述五大领域的改革为财政改革创造更加优越的环境和条件。

（二）把“一体两翼”作为有机整体推进财政改革

中央与地方财政关系、预算管理、税收制度是财政改革的三大重点，相关改革政策设计中是把这三项重点分别阐述的，实际操作中三大领域的改革政策与方案也是分别出台的。与“五位一体”中“五位”相辅相成、不可分割一样，这三大重点也不可分割，需要作为有机整体来推进。

（三）厘清各项改革的轻重缓急与先后顺序

党的十九大对财税体制改革的顺序做出了重要调整，将中央与

地方政府间财政关系改革放在首位，其后为预算和税收，相比党的十八大做出的财税体制改革安排，更加突出了财政体制改革的关键性与基础性。事实上，央地间财政关系已经成为制约财税体制通盘改革的关键因素。此外，财政体制、预算管理与税收制度三大重点领域的改革也有轻重缓急和先后次序问题，例如：预算标准体系建设滞后就导致很多预算管理改革难以落地，央地间财政关系不清使全面实施预算绩效管理难以实质性推进等。新时代的财政改革须整体谋划，分清主次，以前续改革为后续改革创造条件，加强各项改革的衔接性。

二、以行为风险治理匹配改革责任

国家治理的主要目标是促进公平正义、激发社会活力与保障人民民主，这些都是实现国家长治久安的长期目标。从国家治理的视角审视财政改革，就必须突破经济理性假设与确定性思维的束缚，重塑财政改革的逻辑框架。推进国家治理体系与治理能力现代化的目的在于实现国家的长治久安。“长治久安”的核心是“稳定”，“稳定”的基本要求是避免大规模的经济社会危机与动荡，这就要求国家治理的基本目标是防范风险，避免风险转化为危机。

（一）明晰政府间行为主体风险责任的划分

风险并不可怕，关键是能够识别、预警与处置。然而，在风险责任划分不清的情况下，即使有识别、预警与处置机制，这些机制也会失灵。尤其是公共领域的风险，划清责任更为关键。我国的改革打破了原有的“利益大锅饭”，使企业与居民都有了越来越强的风险意识，但由于风险责任的界定还相当模糊，甚至部分领域尚没有界定，仍在吃“风险大锅饭”。这一点在事权与支出责任划分方面更为明显。由于在事权划分上中央决策、地方执行的特征，地方政府在执行中央决策时几乎毫无风险意识，想当然地认为无论什么风险，最终中央政府都会兜底。

新发展阶段的财政改革，应当在明晰政府间财政关系的同时，考虑公共风险责任的划分与分担问题。公共风险是复杂的，而现代公共风险更体现了这一特征。越来越多的公共风险不再是传统的工业化物质生产过程中所产生的，而是来自技术进步。这意味着风险管理的专业性不是减少了，而是大大增加了。现代社会分工日益精细，专业化水平不断提升，要有效控制风险，必须让风险匹配给最适宜的那一级政府。从风险识别、风险防范，到风险处置，不同层级政府的能力是不同的。有效进行匹配，可以最有效地控制风险。

（二）引导各级政府提高应对风险的能力

与联邦制国家的“倒三角形”的事权结构不同，体现单一制国家的特征，我国现行财政事权结构呈现“正三角形”格局，即中央及地方政府的独立事权较少，共同事权较多。共同事权又由中央及地方各级政府共同承担，如基础教育事权，其支出责任就是由中央、省、市、县级政府按比例分担的。此外，越是基层政府，风险驾驭能力越弱。事权下移、风险上移的特征在我国比较明显。

财政改革，应当在财政事权适度上移的同时，着力提升基层政府应对风险的能力。任何风险都应当是分担的，这才有可能实现风险最小化。针对不同类型的公共风险，应由不同层级的政府来分担，这也有利于控制风险。例如，教育公共服务，有基础教育、职业教育、高等教育，其缺失引发的公共风险是不同的，依次为大、中、小。如果基础教育缺失引发的经济社会风险是最大的，应当让

更高层级政府来分担这项风险。分担风险实际上就是不同层级政府履行事权的过程，最终体现为相应级次政府的支出责任。支出责任划分的背后即是风险分担。这一项原则可进一步延伸到横向的风险分担，如 PPP 模式，就是相应级次政府与社会资本合作，通过分担风险的方式来提供公共服务。

（三）形成有助于公共风险收敛的体制机制

风险不可能凭空消失，但可以转移和转化，现代商业保险制度就是个人和企业风险转移、转化的市场机制。新时代的财政改革，应把更多的资源用于培育市场机制和社会制度，使市场主体和社会个体形成丰富的自我应对风险的多元路径，从而使大量的私人风险不必转化为公共风险。现阶段应坚持继续推进政府向市场、社会分权的改革，正确处理政府与市场、政府与社会的关系，界定政府提供基本公共服务的范围和方式，同时向市场、向社会分权，政府、企业、社会组织各司其职并形成合力，实现市场、政府与社会“三只手”的有机结合。通过向市场分权的改革构建经济微观基础，使企业真正成为市场主体，提高政府效率；通过向社会分权改革构建社会微观基础，培育社会自治能力，减轻政府负担。

三、以行为协同治理推进各项改革

政府各部门都是政府的一部分，政府的各项改革都是整体改革的一部分，各项政策都是公共政策的一部分，相当于一辆车，如果部门、改革与政策间不协调，一个踩油门、一个踩刹车，就容易出事故。财政改革也是如此，需要部门间、政府间、政策间协同推进。

（一）中央与地方协同推进

改革开放初期，我国的很多改革都是“自下而上”的，即地方先行试点，取得效果后，从中央层面推进。新一轮的改革是“自上而下”的，由中央层面出政策、定方案，地方政府执行。由于一些改革事项与地方实际不完全适应，或难以推进，在地方落实起来比较困难。新时代的财政改革，应当进一步强化中央与地方协同、上下联动的原则，在深入调查研究与论证的基础上，在中央层面设计原则性、框架性方案，允许地方政府进行创新探索，推进“更接地气”的改革，让地方政府有热情、有意愿、能落实、能落地。

（二）部门间及部门内部协同推进

大部分改革都不可能由一个部门或机构来完成，教育财政改革需要教育部门和财政部门共同推进，科技财政改革不仅需要科技部门、财政部门参与，还需要很多其他部门的参与；中央与地方财政关系改革需要中央与各级地方政府、各政府部门的联动；预算管理改革更是涉及作为预算部门（单位）的所有政府部门与单位。如果“各扫门前雪”，各部门推动本领域的改革，就会使改革五花八门、参差不齐、前后不搭，最终易使改革流于形式。新时代的财政改革应打破政府部门之间的壁垒，在明确牵头单位的同时，让相关部门与单位都参与进来。

（三）稳增长与防风险协同推进

当前我国正在进入城镇化快速发展和人口老龄化加速的阶段，教育、医疗、养老、环境等公共服务的需求呈现刚性增长，财政支出增长随之呈现越来越刚性化的特征，财政收支矛盾突出。财政既

要稳增长，也要防风险，力求公共风险最小化。加大积极财政政策实施力度，以适当扩大财政风险的方式来化解公共风险，有利于降低当前面临的经济社会风险，但同时也应防止财政风险外溢叠加到公共风险之上。因此，应坚持提升财政能力与权衡风险并重，优化财政支出结构。经济新旧结构转化时期，财政政策实施既要考虑当前，又要兼顾长远。一方面，要通过结构性减税来实现稳增长的目标，防止短期风险；另一方面，又要稳定税负水平，优化财政支出结构，保持政府公共服务和化解公共风险的能力不降低，通过调结构、转方式、促改革，防范长期风险，避免财政风险急剧扩大反过来威胁经济和社会稳定。

参考文献

1. ［德］乌尔里希·贝克．风险社会．何博闻译．译林出版社，2004.

2. ［英］安东尼·吉登斯．现代性的后果．田禾译．译林出版社，2000.

3. ［美］纳西姆·尼古拉斯·塔勒布．周洛华译．非对称风险，中信出版社，2019.

4. ［美］曼瑟·奥尔森．权力与繁荣．苏长和、嵇飞译．上海世纪出版集团、上海人民出版社，2005.

5. ［美］詹姆斯·布坎南．公共财政．中国财政经济出版社，1991.

6. ［德］马克斯·韦伯．民族国家与经济政策．甘阳译，三联书店，1997.

7. 刘尚希．公共风险视角下的公共财政．经济科学出版社，2010.

8. 刘尚希．公共风险论．人民出版社，2018.

9. 刘尚希、李成威、杨德威．财政与国家治理：基于不确定性与风险社会的逻辑．财政研究，2018（1）.

10. 刘尚希．基于国家治理的财政改革新思维．地方财政研究，2014（1）．

11. 刘尚希．公共风险是引导财政改革的那只“看不见的手”．经济研究参考，2010（60）．

12. 刘尚希．财政与国家治理：基于三个维度的认识．铜陵学院学报，2015（5）．

13. 陈共．社会主义财政的本质和范围问题．经济研究，1965（8）．

14. 高培勇．论国家治理现代化框架下的财政基础理论建设．中国社会科学，2014（12）．

15. 程瑜．公共风险的财政行为分析——一个行为主义视角的分析框架．财政研究，2020（11）．

16. 程瑜．从公共风险视角看财政社会学——财政社会学观点述评及理论反思．财政研究，2021（2）．

17. 程瑜、张琦．地方财政可持续性的内涵认知及策略优化——基于风险对冲的视角．地方财政研究，2021（5）．

18. 张晋武．财政学的政治观：历史回溯与现实反思．财政研究，2015（9）．

19. 武靖州．防范化解重大风险前提的积极财政政策转型．改革，2017（11）．

20. 童光辉．财政学中的国家观：分歧与比较——对当前财政基础理论的一点反思．经济学家，2010（7）．

21. Alm J, Jackson B R, McKee M. Estimating the Determinants of Taxpayer Compliance with Experimental Data [J]. National Tax Journal, 1992, 45 (1).

22. Alm J, McClelland G H, Schulze W D. Why Do People Pay

Taxes? [J]. Journal of Public Economics, 1992, (48).

23. Ariely, D. (2009), "Dan Ariely on Bernie Madoff", http://paul.kedrosky.com.

24. Bernheim & Rangel (2005), "Behavioral public economics: Welfare and policy analysis with non - standard decision - makers", NBER Working Paper No. 11518.

25. Camerer, C. (2003), Behavioral Game Theory, Princeton University Press. Chorvat, T. (2006), "Trust and taxation", In: McCaffery & Slemrod (ed.), Behavioral Public Finance, Russell Sage Foundation Press.

26. Diamond, P. A. (2004), "Social security", American Economics Review 94 (1): 1 - 24.

27. Eckel, Grossman & Johnston (2005), "An experimental test of the crowding out hypothesis", Journal of Public Economics 89 (8): 1543 - 1560.

28. Feld & Frey (2002), "Trust breeds trust: How taxpayers are treated", Economics of governance 3 (2): 87 - 100.

29. Fennell, L. A. (2006), "Hyperopia in public finance", In: McCaffery & Slemrod (ed.), Behavioral Public Finance, Russell Sage Foundation Press.

30. Frey & Stutzer (2006), "Mispredicting utility and the political process", In: McCaffery & Slemrod (ed.), Behavioral Public Finance, Russell Sage Foundation Press.

31. Jackson H. E. (2006), "Accounting for social security benefits", In: McCaffery & Slemrod (ed.), Behavioral Public Finance, Russell Sage Foundation Press.

32. Joseph Schumpeter. 1991. The Crisis of the Tax State, in The economics and sociology of capitalism. Richard Swedberg, Princeton University Press.

33. Kahneman, D. (2003), "Experienced utility and objective happiness: A moment - based approach", In: Brocas & Carrillo (ed.), The Psychology of Economics Decision, Vol. 1: Rationality and Well - Being, Oxford University Press.

34. Kanbur, Pirttila & Tuomala (2004), "Non - welfarist optimal taxation and behavioral public economics", CESifo Working Paper No. 1291.

35. Krishna & Slemrod (2003), "Behavioral public finance: Tax design as price presentation", International Tax and Public Finance 10 (2): 189 - 203.

36. Loewenstein, Small & Strnad (2006), "Statistical, identifiable, and iconic victims", In: McCaffery & Slemrod (ed.), Behavioral Public Finance, Russell Sage Foundation Press.

37. McCaffery & Slemrod (2004), "Toward an agenda for behavioral public finance", University of Southern California Law and Economics Working Paper Series Paper 21.

38. McCaffery & Slemrod (2006), "Toward an agenda for behavioral public finance", In McCaffery & Slemrod (ed.), Behavioral Public Finance, Russell Sage Foundation Press.

39. Webley, Adams & Elffers (2006), "Value added tax compliance", In: McCaffery & Slemrod (ed.), Behavioral Public Finance, Russell Sage Foundation Press.